三门峡丰阳村
春秋空首布窖藏

三门峡市博物馆 编

李书谦　崔松林　主编

中原出版传媒集团
中原传媒股份公司

大象出版社
·郑州·

图书在版编目（CIP）数据

三门峡丰阳村春秋空首布窖藏／三门峡市博物馆编.—
郑州：大象出版社，2022. 12
ISBN 978-7-5711-1646-0

Ⅰ.①三… Ⅱ.①三… Ⅲ.①古代货币-三门峡-春
秋时代 Ⅳ.①K875. 6

中国版本图书馆 CIP 数据核字(2022)第 223085 号

三门峡丰阳村春秋空首布窖藏

三门峡市博物馆 编

李书谦 崔松林 主编

出 版 人 汪林中

责任编辑 郑强胜

责任校对 牛志远 赵 芝

书籍设计 王 敏

出版发行 大象出版社（郑州市郑东新区祥盛街 27 号 邮政编码 450016）

发行科 0371-63863551 总编室 0371-65597936

网 址 www.daxiang.cn

印 刷 洛阳和众印刷有限公司

经 销 各地新华书店经销

开 本 890 mm×1240 mm 1/16

印 张 27

字 数 508 千字

版 次 2022 年 12 月第 1 版 2022 年 12 月第 1 次印刷

定 价 380.00 元

若发现印、装质量问题，影响阅读，请与承印厂联系调换。

印厂地址 洛阳市高新区丰华路三号

邮政编码 471003 电话 0379-64606268

序

　　2018年7月，三门峡市陕州区丰阳村发现一处空首布窖藏，出土春秋时期大型平肩弧足空首布504枚。这批空首布数量多，制作精良，币文丰富，是大型平肩空首布中难得的精品。这一重要发现，为研究春秋时期空首布的铸行流通区域、货币制度、货币文字和商业贸易等诸多问题提供了珍贵的实物资料。

　　钱币窖藏一经出土，便得到了当地政府及文博界的重视，尤其是受到泉界的关注。三门峡市博物馆及时收藏了这批布币，并在李书谦馆长的带领下，研究人员认真对窖藏布币资料进行整理。2021年8月，《三门峡市陕州区春秋空首布窖藏整理简报》在《中原文物》第4期公开发表。其后，先后又有朱安祥、沈家慧等在《中原文物》上发文对币文释读进行了个别的补正。如今，三门峡市博物馆又整理出版考古报告，详细介绍空首布窖藏出土情况，分析和研究空首布的特征及类型、年代、属性和国别等，并配以高清的实物图片，供学术界参考并进行深层次研究，实乃可喜可贺！

　　这处窖藏之所以引起学术界的重视，首先它是目前三门峡地区发现空首布数量最多、种类最丰富的一处窖藏，504枚大型平肩空首布被集中装在一陶鬲内，保存状况较好，除自然形成的铜锈，绝大多数币文清晰可辨。币身均为长銎，平肩，弧足，通长9~10厘米。学术界一般认为，这种大型平肩弧足布币，其年代在春秋中期至战国早期，主要铸造流通于中原的周王畿之地，大约在洛阳市区及其周围的伊川、宜阳、新安、孟津、洛宁、汝阳等县，以及郑州巩义、平顶山汝州、三门峡渑池等地，基本上不超过今豫西、豫西南地区。这处窖藏出土在陕州丰阳村，正是在可识的范围之内。其次，这处窖藏的布币，铸有币文的达452枚，约占总数的90%。币文多达93种，其中有纪地、纪数、纪天干地支、纪名物等类型，可以说，其币文之多，信息量之大，是十分罕见的。报告的整理者经过四年多的辛勤努力，已经进行了分类梳理，并对币文做了大量的释读工作，这为我们下一步的研究奠定了坚实的基础。再次，仅就币文中的纪地一类而言，初步统计有227枚，是币文中占比最多的一类。从已释读出的地名看，除周王畿，还有晋、郑、卫、宋等国的地名，这与学术界普遍认为的这类布币当是东周时周、晋、郑、卫、宋等地通行的货币的看法是一致的。但如何认识这些地名的性质和意义，它们是不是货币铸造地的地名，抑或有其他的含义，成为春秋战国货币地理研究中一个重要课题。最后，正如该报告中所指出的，窖藏布币的出土地陕州区丰阳村，地理位置十分重要，位于当地称为"桃山沟"的便道旁。这条便道东北与"南崤道"的菜园交会，西南与古运城往南阳商道的"上戈古道"交会，是春秋战国时期中原地区两条重要古道的交会地带，其中"上戈古道"是春秋时期西安往洛阳、南阳的交通要道，也是一条重要的商贸通道，在中华文明的发展进程中占据独特的地理位置。窖藏钱币的出土，实证了陕州在春秋战国时期的重要交通区位优势。

长期以来，三门峡市博物馆坚持科研立馆的方向，深耕地方历史文化和文物研究，将博物馆的科学研究作为提高陈列展览质量和宣教水平的关键，先后出版《崤函古韵——三门峡古代文明展》《三门峡市博物馆馆藏文物精粹》等图书。《三门峡丰阳村春秋空首布窖藏》是三门峡市博物馆研究团队的又一重要学术成果。这些科研成果的出版，为进一步让文物活起来提供了科学的学术支撑，从不同角度和层面展示了三门峡丰厚的历史文化。

河南博物院副院长、研究馆员

河南省博物馆学会副会长

张得水

2022年10月2日

目录 | CONTENTS

第一章
丰阳村空首布
窖藏的发现

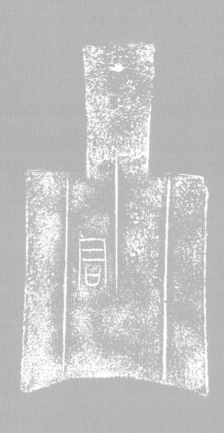

　　大千世界中蕴藏着许多不为人知的秘密，一次偶然发现，也许会收获意想不到的惊喜。学科领域也不例外，很多重大发现都有一定的偶然性和必然性，使亲历者留下刻骨铭心的记忆。三门峡市博物馆收藏的一批春秋空首布，就是2018年从三门峡市西张村镇丰阳村的一个窖藏所得。其后，三门峡市博物馆对这批先秦货币逐步进行整理、解读和研究，取得了初步科研成果。在此，我们一起来了解三门峡丰阳村春秋空首布窖藏的发现、整理和研究过程。

一、水利项目工地的重要发现

　　三门峡市区南自东向西有三道黄土塬，分别为东凡塬、张村塬和张汴塬，而陕州区的西张村镇就位于张村塬上。它距离市区20公里左右，东接菜园乡，西连张汴乡，北邻湖滨区崖底街道、交口乡，南与洛宁县上戈乡交界；总面积300.35平方公里，下辖41个行政村，丰阳村为其中之一。全镇人口约4 8000人；耕地面积5 2049亩，林地2.91万亩，宜林、牧坡地4 0193亩。现有涧里、后河、九峪沟、刁坡等中小型水库4座，提灌站11处，机井16眼，有效灌溉面积达2 5113亩，占总耕地面积的48%。主要农作物有小麦、玉米、棉花等。地势南高北低，南部山区主要山峰有甘山、方山、放牛山、三角山等，甘山海拔达1885米。北部为黄土塬，海拔750米左右。这里是天井窑院（俗称地坑院）的主要分布区，也是当地居民世代赖以生存的住宅。（图1）这种住宅冬暖夏凉，是人们根据当地气候条件和土质状况创造出来的一种具有地方特色的居住形式，呈现"进村不见房，闻声不见人"的奇妙地下村庄景象。随着乡村振兴战略的实施，如今这些民居已开发为特色民宿、非遗展示和地方餐饮等，为新农村建设发挥着引领作用。

　　2018年7月12日，西张村镇丰阳村东的桃山沟内，一处水利项目工地正在紧张有序的施工中，挖掘机和运输车辆的轰鸣声此起彼伏，现场的施工人员恐怕谁都未曾料到，他们即将与一个2000多年前的空首布窖藏相遇，一次重要发现将受到世人关注。

　　据现场的施工人员回忆，当时一辆大型挖掘机正在沟西侧土崖作业，突然在崖

图1　陕州地坑院

侧近地表处挖到一个器型较大的灰陶鬲，在场的所有人员都充满了好奇，纷纷跑到现场要看里面盛装着什么东西。施工现场负责人闻声跑到跟前，看到陶器里装着许多生锈的东西，感觉好像是文物，随即向该项目负责人任增朝汇报。任增朝再三叮嘱他们要保护好现场和挖出的东西，等他到工地处理。第二天上午，任增朝向三门峡市文物管理部门报告具体情况，并把出土文物上交三门峡市博物馆。同时，三门峡市文物管理部门组织考古部门工作人员对施工现场及工地周边区域进行了考古调查，但并未发现其他遗物和遗迹。因此，文物考古部门工作人员根据这批空首布的埋藏方式，认定为窖藏性质，并根据现场遗留状况，对窖藏的埋藏信息进行了综合研判。

窖藏所处台地是一片面积为10多亩的果园，临近土崖的地方有一个约4平方米的长方形房屋基址面，屋面平整，距离地表约1米。灰陶鬲就埋在房屋基址中部，距基址地面约20厘米。埋藏地的地理坐标为东经111.24°，北纬34.65°，海拔653米。（图2、图3）容器造型为侈口、方唇、束

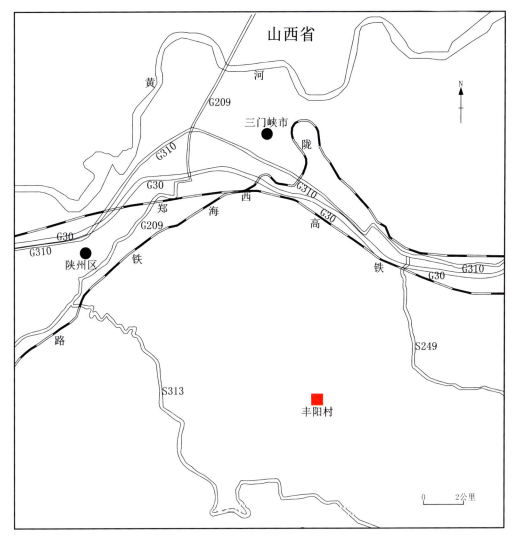

图2　窖藏位置图

颈、鼓腹、短实足，裆部近平，通体饰粗绳纹，夹砂灰陶。据此可以认定这件夹砂灰陶鬲为春秋晚期的器物，进而推断该窖藏的埋藏上限为春秋晚期。

图3　窖藏位置卫星示意图

在文物考古部门工作人员调查窖藏情况的同时，三门峡市博物馆组织工作人员集中精力完成了对空首布的清点、建档和初步币文辨识。共计504枚，其中完整币434枚，残币70枚。由于空首布放在陶鬲内，未直接与泥土接触，除自然形成的铜锈，没有出现泥土锈蚀现象，保存状况较好，绝大多数币文清晰可辨。盛装空首布的夹砂灰陶鬲已破，但器型较大，其通高35.6厘米，口径22—25厘米，肩径31.5—33厘米。一个看似普通的灰陶器，却承载了一笔丰厚的先秦货币信息，也引起了各级新闻媒体和学术界的高度关注。

《三门峡日报》、三门峡广播电视台的记者对空首布窖藏发现地的考古调查情况，以及空首布的移交、清点及币文初识等工作进行了跟踪采访和报道。《三门峡日报》刊登了《三门峡：这里惊现504枚春秋时期钱币》的报道（图4），指出"初步判断，这些空首布币出土的地方应该不是墓葬……一次性发现这么多古代货币，在我市还是首次……对我市乃至中原货币史的发展和研究具有非常重要的意

图4　《三门峡日报》公众号报道

义"。三门峡广播电视台进行了即时播报。随即河南广播电视台进行了播报，《河南日报》也作了《三门峡出土504枚春秋时期空首布币》的新闻报道。（图5）CCTV4《中国新闻》栏目也对这次发现作了《河南三门峡出土500多枚中国最早金属币之一空首布币》的播报。（图6）之后，腾讯网、新浪网、大河网等媒体进行了转载。7月21日，新华网对此次发现作了《河南三门峡市出土504枚春秋时期空首布币》的报道（图7），简要介绍了这批空首布的发现过程及初步整理的研究成果。这些新闻媒体的报道迅速在社会上引起了强烈的反响，社会公众对这次发现也产生了浓厚兴趣。全国各地的很多媒体都纷纷进行了转载。7月28日，CCTV13《新闻直播间》用了将近2分钟时间对这批空首布窖藏再次进行报道，简要地介绍了空首布的初步整理研究情况。（图8）

图5 《河南日报》报道

图6 《中国新闻》报道

图7 新华网报道

图8 中央电视台《新闻直播间》报道

二、空首布窖藏周边地理环境

陕州区位于河南省西部三门峡市。地处北纬34°24′至34°51′，东经111°01′至111°44′，东西长65.25千米，南北宽48.8千米。东与渑池县交界，西与灵宝市接壤，南依甘山与洛宁县毗邻，北临黄河与山西省平陆县隔岸相望。

陕州区地势南高北低，东峻西坦，由东南向西北倾斜。其地势地貌的形成经历了一个漫长的演变过程。200万年前，陕州所在的地区还是一个一面开口、三面群山环抱、地域开阔、土壤肥沃的盆地。从三门峡盆地两侧已发现的众多古文化遗址来看，100万年前，三门峡盆地的东部，经过长期的流水侵蚀和切割，高地被切割、夷平，黄河冲开三门峡谷东流，形成了三门峡黄河谷地。与此同时，发源于中条山、小秦岭、崤山的大小河流将黄河两岸切成了塬、墚、岭、涧、岗地和丘陵等地貌，逐渐形成了陕州的现代地形地貌。

陕州区地貌基本可分为山区、丘陵和塬川3种类型。山区为中山和低山。中山区分布于南部，是最大的一种地貌类型。中山区地势高峻，山高林密，形成山高、坡陡、石多的自然特征。陕州的重要河流青龙涧河、苍龙涧河、永昌河皆发源于此。低山区分布于东北部，地貌特征为沟壑纵横，山势低缓。丘陵区主要分布在东部，永昌河由西向东贯穿其间。其地貌特征是西北高、东南低，低山、丘陵相间分布。塬川位于西北部，地处黄河南岸，是由黄土组成的三级河套阶地，黄土层厚20米至70米，地面由南向北呈阶梯降落，由西向东依次为张汴塬、张村塬、东凡塬。塬间分布有张湾川和菜园川，青龙涧河、苍龙涧河由南向北贯穿其间，地貌特征是塬大、川阔，塬川相间，地面平缓。窖藏所在的丰阳村即位于张村塬上。

陕州区水系发达，分属黄河、洛河两大水系。黄河在陕州区北端自西向东经过。西部和北部属黄河水系，主要河流有3条：青龙涧河，即《水经注》所称橐水，丰阳村所属水系即为青龙涧河；苍龙涧河，即《水经注》所称七里涧水，古称焦水。这两条河流都在陕州故城附近注入黄河。清水河，又名兴隆涧，即《水经注》的石崤水。东南部为洛河水系，主要河流有2条，即永昌河和大石涧，自西向东注入洛河。这些河流不但为先民提供了生存所需的充足水源，还为他们提供了便捷的交通。

陕州区所处的地理位置和特殊的地貌地形，形成了具有鲜明特征的气候环境。其处于中纬度内陆区，属暖温带大陆性季风气候，又因地处黄土高原前缘，具备半干旱的气候特点。冬季多受蒙古冷高压控制，气候干冷，雨雪稀少；春季气温回升，雨水增多；夏季炎热、雨涝；秋季气候凉爽，雨水减少。气温在地域分布上的总体特征是由沿河向黄土塬、沿山，随海拔高度上升而降低。降水受季风气候影响显著，全年降水不平均，主要集中在6—9月，多暴雨，且降水强度大，冬春伏旱严重，地域分布上由西南向东北逐渐减少。冬季多西北风，夏季多偏东风，大风主要集中在冬春季节。

陕州区地理形势使它与外界保持有良好的交通条件。自新石器时代以来，由中原穿越崤山山地通向关中就形成了一条东西交通要道，后世称为"崤函古道"。崤函古道是古代关中通往中原的最便捷的交通要道，以在崤山、函谷关间而得名，以连接洛阳与长安两座都城而最负盛名。崤函古道以古陕州城为中心，向西依次经新店、灵宝、函谷关、阌乡抵达潼关，称为"函谷道"，也称"黄河南岸道"。向东的路线有2条：一是崤山北路，又称北崤道，由古陕州城向东，过交口，沿涧河河谷东行，经张茅、硖石、观音堂、英豪、渑池、义马、新安，出汉函谷关到达洛阳；二是崤山南路，也称南崤道，其路线是从陕州城出发沿青龙涧河东南行，由交口向南，经菜园，溯青龙涧河支流雁翎关河（古称安阳溪水）穿越崤山，经雁翎关，沿永昌河东行，经安国寺出陕县，入宜阳三乡、韩城，沿洛河

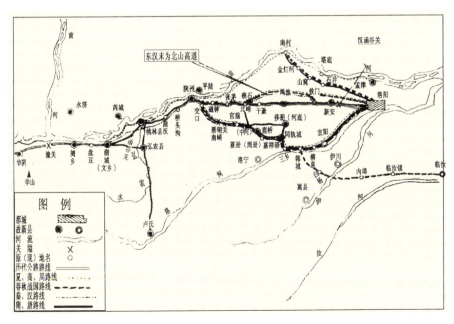

图9　洛阳—长安（潼关段）古道路线图。（胡德经《两京古道考辨》）

谷底北上到达洛阳。（图9）这处空首布窖藏所在的丰阳村就位于当地称为"桃山沟"的便道旁，这条便道东北与"南崤道"在菜园交会。由于崤山南道在未到达洛阳之前分道东南，向梁、楚延伸，因此又名"秦楚孔道"。这条道路在三乡与"南崤道"分轨，横渡洛河，经过赵堡、白杨、坡头、宋店、平等过伊河，经寨子街（白元）、吴起岭、内埠、临汝镇、庙下、汝州，到达宝丰县，然后分道至宛及淮颍等地。同时，从山西曲沃通向楚地的"晋楚古道"，也与南崤道在菜园交会，然后通往楚地。相较于崤函古道，秦楚孔道和晋楚古道多为民间贸易通道，行人以民间商贾为多。在宜阳县白杨、赵堡，汝州市杨楼一带，群众称之为"骆驼道"。一路上都有称为骆驼岭、骆驼沟、骆驼坡的地方。雁翎关有一块元代泰定三年（1326年）的修路碑记，记载了商旅运输之事。

第二章

丰阳村空首布的整理

一、空首布的清理保护

2018年7月13日，三门峡市博物馆接收了一批春秋时期的空首布。接收时，这批空首布放置于一纸箱内，一起接收的还有存放空首布的陶鬲，陶鬲已破损。在接收到这批空首布的第一时间，馆内立即组织人员对其进行了初步清点、建档、清理和保护。（图1）

工作人员首先对空首布进行清点，共计504枚，其中完整的有434枚，残70枚。接下来，对空首布表面进行初步清理，为下一步的研究工作做准备。这批空首布铜质精细，铸造规整，且发现时装在陶鬲内，这在一定程度上对这批货币起到了很好的保护作用，因此，受地下埋藏环境影响不大，除币身自然形成的铜锈，附着的土锈很少，只需用蒸馏水和小软刷子对表面轻轻刷洗即可。刷洗完毕后去除币身多余水分，放置在报纸上自然晾干。（图2）

晾干后，进行初步包装。准备经过加固的纸箱若干，以多层包装纸铺底，将空首布整齐摆放在包装纸上，再覆盖若干层包装纸，将空首布整齐摆放在上面。如此反复，放置3—5层，为方便统计，每层放置空首布12枚。放置完成后进行封箱并在箱外写好标

图1　空首布接收时的状况

图2　空首布清理

记，做好相应记录。

2018年8月21日，对放置空首布的陶鬲进行修复。陶鬲在接收时已经破损，器身破裂为四片，且有部分缺失。工作人员先清理陶鬲表面附着的泥土并晾干，之后对陶鬲残片进行拼对、粘接、加固、阴干，再用熟石膏调和适量的水对缺失部分进行多次补配。经过一周多时间工作，修复出陶鬲的原本器形。（图3）

图3：1　陶鬲修复前

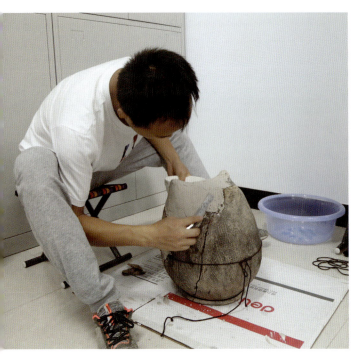

图3：2　陶鬲修复中

图3：3　陶鬲修复中

图3：4　陶鬲修复后

二、空首布的整理过程

（一）初步分类

2018年8月9日，馆内组织专业人员并邀请专家开展空首布分类工作。这批空首布数量众多，且币文种类十分丰富，这给分类工作带来很大的难度。经过大家讨论，最终决定采取边辨识边分类的方法。通过查阅之前的相关研究成果，对于已经辨识出币文的，如"土""羊""武""宋""智""戊""丑""午""壬""七""十""二"等，直接用该文字命名这类空首布。对于暂未辨识出币文的，或是存在争议的，就描出币文字形，用该字形命名该类空首布。按照类名将所有空首布进行分类和编号。最终分类情况如下：

这批空首布共504枚，其中完整434枚，残70枚。完整的434枚中，无币文41枚，其余393枚初步分为79类；残缺的70枚中，无币文11枚，其余59枚初步分为23类，其中17类涵盖上述79类，另外6类币文为新出现。（图4）

分类工作结束后，工作人员对空首布进行了重新包装。将空首布按类装入分装箱内（图5），一类一箱。在装箱同时对箱子进行编号，统计每一类的数量，并做好记录，最后封箱归库。（图6）

（二）制作拓片

2018年10月24日，工作人员开始制作空首布拓片。拓片的制作按照空首布的编号顺序进行，具体到每一类空首布，挑选出币文位置和字形不同的空首布样本若干枚制作拓片，并对挑选出的样本和拓片编号，做到实物与拓片对应。如：编号1的"土"字空首布，根据币文位置和字形的不

图4　空首布分类过程

图5：1　分装过程

图5：2　分装过程

图6：1　分装归库情况

图6：2　分装归库情况

图7:1　挑选样本

图7:2　挑选样本

图8:1　制作拓片

图8:2　制作拓片

同，共挑选出11枚用于制作拓片。这11枚空首布编号为1-1，1-2，1-3，……1-10，1-11。1-1号空首布的拓片标注为1-1。（图7）

　　拓片制作完成后，统一进行扫描并归类整理，留存资料，为后期深入研究做好准备。（图8）

（三）测量数据

　　2019年5月21日，对空首布进行测量，该次测量以制作过拓片的空首布为测量标本，测量数据

图9　空首布测量

有通长、身长、足距、肩宽、銎宽（上宽、下宽）、銎厚、重量。（图9）

测量结果如下：

空首布尺寸数据表

编号	通长（cm）	身长（cm）	足宽（cm）	肩宽（cm）	銎宽（cm）	銎厚（cm）	重量（g）
1-1	9.5	5.9	5.1	4.8	2.2,1.6	1.2	32.3
1-2	9.5	5.9	5.1	5	2.2,1.7	1.3	27.7
1-3	9.4	5.8	5	4.8	2.1,1.8	1.2	27.8
1-4	9.7	6	5.2	5	2.3,1.7	1.4	32.7
1-5	9.6	6	5.1	5	2.2,1.7	1.3	36.5
1-6	9	5.1	4.8	4.6	2,1.6	1.4	23.2
1-7	9.7	5.8	5	4.7	2.3,1.8	1.5	26.3
1-8	9.2	5.1	4.8	4.6	2.1,1.6	1.3	22.6
1-9	9.2	5	4.7	4.5	2,1.5	1.4	22
1-10	9.5	5.2	4.9	4.7	2,1.7	1.6	24.4
1-11	9	5.1	4.7	4.4	2,1.6	1.3	21.9
2-1	9.9	5.9	5	4.9	2.1,1.7	1.3	34.7
2-2	9.5	6	5.1	4.9	2,1.6	1.1	29.4
2-3	9.9	6	5.1	4.9	2.2,1.6	1.3	32.9
3-1	9.5	5.8	5.1	4.9	2,1.6	1.2	28.9
3-2	9.6	6	5.2	5.1	2.3,1.8	1.2	32.8
3-3	9.2	5.8	5	4.7	2.1,1.7	1.5	24
4-1	9.7	6	5.2	5	2.2,1.7	1.4	32.7
4-2	9.4	5.8	5	4.8	2.2,1.7	1.3	28
4-3	9.7	6	5	4.6	2.3,1.7	1.5	25.6
5-1	9.2	5.5	4.9	4.6	2.1,1.6	1.5	25
5-2	9.5	5.9	5.2	4.9	2.1,1.8	1.4	32
5-3	9.1	5.5	4.8	4.7	2,1.6	1.3	22
5-4	9.9	6.1	5.2	4.9	2.1,1.8	1.3	32.8
6-1	9.5	5.8	5	4.7	2,1.7	1.2	25.4
6-2	9	5.6	5	4.7	2.1,1.6	1.2	25.7
6-3	9.5	5.9	5.1	4.9	2,1.6	1.2	26.3
6-4	9	5.7	5	4.8	2,1.6	1.1	26.8
6-5	9.5	5.8	5.1	4.9	2.1,1.8	1.1	29.1
6-6	9.7	5.9	5.1	5	2.2,1.8	1.3	35.3
6-7	8.7	5.2	4.7	4.6	2,1.6	1.3	24.7
6-8	9	5.6	4.9	4.8	2,1.7	1.4	25.6
6-9	9	5.6	4.9	4.6	2,1.7	1.2	23.8
7-1	9.6	5.9	5.1	5	2.1,1.7	1.2	29.7
7-2	9.8	6	5.2	5	2.1,1.7	1.3	30.8
8-1	9.8	5.7	5	4.8	2,1.5	1.5	26.7

编号	通长（cm）	身长（cm）	足宽（cm）	肩宽（cm）	銎宽（cm）	銎厚（cm）	重量（g）
8-2	9.7	6	5	4.9	2.3,1.5	1.3	29
8-3	9.6	5.7	4.8	4.6	2,1.6	1.5	27.1
9-1	9.8	5.5	4.6	4.3	1.9,1.5	1.5	23.7
10-1	9.8	5.9	5.1	4.9	2.1,1.7	1.3	32.8
10-2	9.2	5.8	4.7	4.5	1.8,1.6	1.4	24
10-3	9.1	5.5	4.9	4.5	1.9,1.6	1.4	23
10-4	9.2	5.7	4.9	4.5	2,1.6	1.2	25.4
11-1	9.8	5.9	5.1	5	2,1.7	1.3	37
11-2	9.7	6	5.1	4.9	2.2,1.7	1.2	32.3
11-3	9.4	5.8	5	4.7	2,1.6	1.2	26.8
12-1	9.5	5.9	5	4.8	2,1.7	1.2	28.8
12-2	9.9	6.1	5.2	5	2.2,1.7	1.2	35.3
12-3	9.7	5.6	4.9	4.6	2,1.6	1.4	27
12-4	9.7	5.8	5.1	4.7	2.1,1.6	1.5	29.2
13-1	9.5	5.6	4.8	4.4	1.9,1.5	1.3	22.4
13-2	9.6	5.8	5	4.7	2.1,1.8	1.4	28
13-3	9.4	5.7	4.9	4.6	2,1.7	1.4	25.6
14-1	8.9	5.5	4.7	4.5	1.8,1.4	1.4	22.8
14-2	9.4	5.8	4.9	4.4	1.9,1.6	1.3	24.2
14-3	8.8	5.5	4.7	4.5	1.9,1.6	1.1	21
15-1	9.7	5.9	5	4.6	1.9,1.7	1.4	26.5
15-2	9.6	6	5.2	4.9	1.9,1.7	1.2	28.3
15-3	9.4	6	5	4.9	2,1.6	1.3	27.5
16-1	9.6	6	5.1	4.9	2,1.6	1.3	28.5
16-2	9.5	5.8	5	4.8	2,1.5	1.3	30.9
16-3	9.6	5.9	5.1	4.8	2,1.7	1.3	30.2
17-1	9.5	6.1	5.2	4.6	2,1.6	1.2	24.9
18-1	9.8	6	5.2	5	2.1,1.7	1.3	36.2
18-2	9.5	5.9	5.1	5	2.2,1.7	1.2	31.7
19-1	9.2	5.5	4.8	4.5	2.1,1.8	1.2	24.1
19-2	9	5.6	5	4.6	2,1.6	1.3	21.3
19-3	9.3	5.6	4.8	4.5	2.1,1.6	1.4	24.5
20-1	9.2	5.6	4.8	4.6	2.1,1.6	1.4	24.9
21-1	9.4	5.8	5.1	5	2.1,1.7	1.1	28.4
21-2	9.7	6	5.2	5	2.2,1.7	1.3	33.3
21-3	9.5	6	5	4.5	2.2,1.7	1.5	27.2
22-1	9.8	5.8	5.2	5	2.2,1.7	1.4	33.5
22-2	9.7	6	5.1	4.9	2.2,1.7	1.2	33.7
23-1	9.5	5.8	5	4.8	2.1,1.7	1.3	28.1

续表

编号	通长（cm）	身长（cm）	足宽（cm）	肩宽（cm）	銎宽（cm）	銎厚（cm）	重量（g）
23-2	9.7	5.9	5.2	5	2.2,1.7	1.3	32.3
24-1	9.8	5.9	5.1	5	2.3,1.7	1.4	31.2
24-2	9.5	5.9	5.1	5	2.2,1.7	1.3	31.8
24-3	9.6	6	5.2	5.1	2.2,1.6	1.3	30.4
24-4	9.3	5.9	5	5	2.2,1.7	1.4	28.8
25-1	9.7	6	5.2	4.9	2.2,1.7	1.3	32.4
25-2	9.5	5.8	5.1	4.9	2.3,1.7	1.3	29.8
26-1	9.5	5.8	5.1	4.9	2.2,1.7	1.3	29.8
26-2	9.6	5.9	5.2	4.9	2.3,1.8	1.6	31.9
27-1	9.5	5.8	5	4.8	2.3,1.7	1.5	28.3
28-1	9.6	6	5.1	5	2.2,1.7	1.3	28.8
28-2	9.2	5.5	5	4.5	2,1.6	1.4	25.6
28-3	8.9	5.2	4.5	4.1	2.6,1.6	1.4	21.2
29-1	9.6	5.9	5.2	5	2.3,1.7	1.3	33
30-1	9.7	6	5.1	4.9	2.1,1.7	1.4	31.2
31-1	9.3	5.7	4.8	4.7	2.1,1.7	1.4	26.7
32-1	9	5.6	4.7	4.5	2,1.5	1.4	21.9
33-1	9.9	6	5.2	4.9	2.1,1.7	1.2	33.3
33-2	9.3	5.8	4.9	4.8	1.9,1.6	1.2	27.4
34-1	9.6	5.8	5	5	2.1,1.6	1.1	31.9
35-1	9.5	5.8	5	4.9	1.9,1.5	1.2	30.2
36-1	9.3	5.6	4.6	4.1	1.8,1.4	1.4	21.1
37-1	9.8	6	5.1	4.9	2.1,1.5	1.3	28.2
38-1	9	5.6	5	4.7	2.2,1.6	1.2	28.4
39-1	9.2	6	5.1	4.9	2.1,1.6	1.2	26.5
39-2	9.6	5.9	5.2	4.9	2.2,1.7	1.3	35.1
39-3	10	5.9	5.1	4.8	2.2,1.7	1.4	34.5
40-1	9.3	5.9	5	4.7	2.1,1.7	1.4	24.2
41-1	9.8	5.9	5.2	5	2.3,1.7	1.4	35.6
42-1	9.6	5.8	5.1	5	2.2,1.7	1.3	32.8
42-2	9.8	6	5.2	5	2.3,1.7	1.4	34.4
43-1	9.6	5.9	5	4.9	2.1,1.6	1.4	27.7
44-1	9.7	5.7	5	4.6	2.1,1.6	1.4	27.5
45-1	9.9	6	5	5	2.2,1.6	1.3	32.6
46-1	9.6	5.9	5	4.9	2,1.6	1.2	30.8
46-2	9.3	5.8	5.1	4.9	2.1,1.7	1.2	33.3
46-3	9.2	5.7	5	4.7	2,1.6	1.4	31
47-1	9.2	6.1	5.2	5	2.1,1.6	1.3	31
48-1	9.3	5.7	4.9	4.8	1.9,1.5	1.2	26.4

续表

编号	通长（cm）	身长（cm）	足宽（cm）	肩宽（cm）	銎宽（cm）	銎厚（cm）	重量（g）
49-1	9.8	6	5.1	5	2,1.6	1.4	33.4
49-2	9.9	6	5.1	4.9	2.1,1.7	1.3	36.2
50-1	9.7	5.8	5	4.8	2,1.7	1.3	29.4
51-1	9	5.5	4.7	4.4	1.9,1.6	1.4	25.3
52-1	9.1	5.6	4.8	4.4	1.9,1.6	1.4	21.9
53-1	9	5.6	4.9	4.6	2.1,1.7	1.2	24.8
54-1	9.1	5.4	4.6	4.2	1.9,1.6	1.4	23
55-1	9.2	5.5	4.9	4.4	2,1.5	1.2	23.3
56-1	9.2	5.3	残4.4	4	1.8,1.5	1.3	21.7
57-1	9.6	5.9	5.1	5	2.1,1.6	1.3	30.3
58-1	9.6	6	5.1	4.9	2.1,1.6	1.3	31
58-2	10	6.1	5.2	4.9	2,1.7	1.2	32.5
59-1	9.7	6	5.2	5	2.2,1.7	1.3	34.4
59-2	9.9	6	5.2	4.9	2,1.6	1.3	30.7
60-1	9.6	6	5	4.9	2.1,1.7	1.2	30.2
61-1	9.1	5.6	5	4.6	2,1.7	1.2	24.1
62-1	9.7	5.6	4.8	4.5	2,1.6	1.5	31.6
63-1	9.2	5.4	4.5	4.1	1.8,1.4	1.4	24.4
64-1	9.5	5.7	4.9	4.4	2.1,1.7	1.3	27.4
65-1	9.4	5.7	5	4.7	2.1,1.5	1.2	25.9
66-1	9.6	6	5.1	4.9	2,1.5	1.3	31.9
67-1	9.5	6	5	4.8	2,1.6	1.3	28.6
68-1	9.5	6	5.2	4.9	2,1.7	1.2	29.2
69-1	9.7	6	5.2	4.9	2,1.6	1.4	33.8
69-2	9.5	5.7	4.9	4.7	2,1.7	1.4	26.6
70-1	9.9	6	5.1	4.9	2.1,1.6	1.3	31.7
71-1	9.6	5.8	5.1	5	2.1,1.6	1.3	33.8
72-1	9.6	5.9	5.1	4.8	2,1.6	1.2	27
73-1	9.7	5.8	5	4.7	2.1,1.6	1.4	27.7
74-1	9.5	5.6	4.8	4.4	2,1.6	1.3	25.6
75-1	9.7	5.9	5.1	4.7	2.1,1.7	1.4	29.5
76-1	9.2	5.6	5	4.7	1.8,1.5	1.3	24.8
77-1	9.8	6	5.2	5	2.1,1.7	1.3	33.8
78-1	9.7	5.9	5.2	5	2.1,1.6	1.2	31
79-1	9.2	5.9	5	4.9	2.1,1.6	1.3	25.5
79-2	9.3	5.8	5	4.8	2,1.7	1.3	22.8
79-3	9.8	5.8	5	4.5	2,1.6	1.3	24.3
残1-1	10	6.2		4.5	2,1.7	1.3	残重26.4
残2-1		5.6		4.5			残重8.5

编号	通长（cm）	身长（cm）	足宽（cm）	肩宽（cm）	銎宽（cm）	銎厚（cm）	重量（g）
残3-1	9.2	5.6	4.8	4.4	1.8,1.4	1.4	23.3
残4-1	9.4	4.5	4.8		2,1.5	1.4	残重26.4
残5-1	9.3	5.7		4.6	2,1.5	1.2	残重25
残6-1	9.5	5.7	4.8	4.5	1.9,1.5	1.5	25.8
残11-1		5.5	4.8	4.4			残重8.7
无字80-1	9.7	6.1	5.2	4.9	2,1.7	1.3	31.9
无字80-2	9.4	5.8	5	4.6	2,1.4	1.3	24.9
无字80-3	9.4	5.4	4.6	4.3	2,1.5	1.3	23.7
无字80-4	9	5.5	4.6	4.2	2,1.5	1.3	23.3

（四）拍摄照片

2019年12月28日，对这批空首布进行拍摄，根据研究需要，共拍摄空首布68枚，每枚拍摄3张，正面、背面和币文各一张。

2022年4月13日，进行第二次拍摄，共拍摄空首布101枚。其中包含丰阳村窖藏发现空首布90枚，三门峡市博物馆旧藏"武""卢氏""三川釿"空首布11枚。（图10）

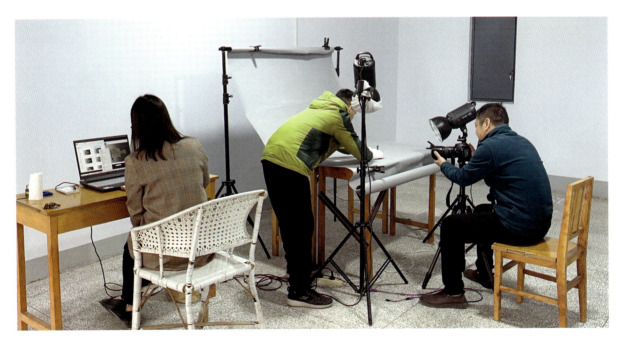

图10：1　空首布拍摄

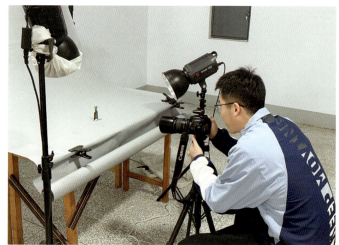
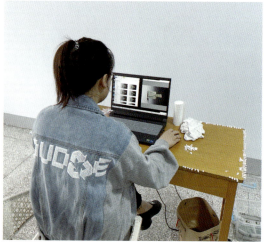

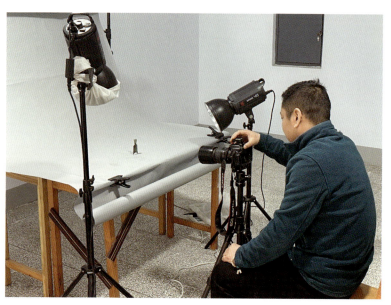

图10：2　空首布拍摄

第三章

现代以来空首布研究考述

　　空首布是东周时期铸造的金属货币，因其首部中空，故称为空首布。它是春秋战国时期周、晋、郑、卫等国铸行的一种金属货币，是各种平首布币的前身，也是我国最早的金属货币之一。从已公开的资料来看，空首布主要发现于东周王城洛阳周边及晋国所处的汾河流域。空首布的发现以窖藏为主，遗址次之，墓葬出土为零星发现。虽然遗址和墓葬出土的空首布数量较少，但因其为考古发掘所得，考古地层学和考古断代对于探讨空首布铸造和使用年代有着不可替代的重要作用。我们借着对三门峡丰阳村春秋空首布窖藏的整理和研究，尝试对现代以来空首布相关发现和研究情况进行梳理和考述，以便让相关研究者和爱好者能对空首布有更多的了解，也可间接提供一些可资查询的资料线索。

一、空首布的起源

空首布是东周时期铸行的一种金属货币，也是我国最早的货币之一，铸行于周、晋、郑、卫等国，因为空首布上部有銎，下部为宽大的钱面，外形像一把铲子，故也被称为铲币。关于空首布的起源，钱币学界的共识是"它是从农业生产工具演变而来"，但究竟是何种工具演变来的，尚有不同看法。一种观点认为是从"钱"而来，一种观点认为是从"镈"而来。对此，蔡运章先生在《空首布初探》一文里有较为详尽的论述。我们赞同蔡先生的观点，即空首布是由"钱"（铲）演变而来的。

要想搞清楚空首布是从何种生产工具演变而来，就要看空首布和哪种生产工具形态上最相似，本质上最接近，而符合这两个标准的只有"钱"。过去有学者认为空首币是从"镈"而来，主要是把"钱"和"镈"混为一物了。例如王毓铨先生说："钱、镈两种农具，基本上大致相同。"[1]王献唐先生说："镈在初时，与钱同器。"[2]"钱"和"镈"是否为同一种器物是需要辨别和区分的。作为古代的农业生产工具，二者功能相同，都是用于锄草松土的农具，形状也有相似之处，但在使用方法上有较大区别，本质上是两种不同的农具。

（一）古代农具"钱"

"钱"是商周时期的一种农业生产工具。《齐民要术·耕田篇》引《纂文》说："养苗之道，锄不如耨，耨不如铲。铲柄长二尺，刃广二寸，以划地除草。"《一切经音义》卷九说："铲今作划，划削之。"卷十四又说："划，古文铲。""钱""划"皆读"戈"声，二字音近义同。王祯《农书》卷十三说："钱与镈为类，薅器，非锹属也。兹度其制，似锹非锹，殆与铲同。……此铲之体用，即与钱同，钱特铲之别名耳。"可见，我们常见的商周时期的铜铲，就是古文献中的"钱"，它是一种松土锄草的农具。

（二）古代农具"镈"

"镈"也是商周时期的一种农业生产工具，"镈"为"耨"的别名。《诗·周颂·臣工》毛传云："镈，耨也。"《尔雅·释器》邢疏："镈、耨及定当是一器。"王祯《农书》卷十三也说："镈，耨别名也。"可见汉代以来的注家多以镈、耨为一种农具。《吕氏春秋·任地》载："耨柄尺，此其度也，其耨六寸，所以间稼也。"高诱注："耨，芸苗也。六寸，所以入苗间。"这是说耨的柄长一尺，刃宽六寸，是一种刃口较宽的锄草间苗农具。以上文献记载表明，商周时期，出现了一种锄草间苗的农具"镈"，别名"耨"，随着生产力的发展，到东周时期出现了一些不同形制的"镈"。[3]

（三）"钱"和"镈"的区别

"钱"和"镈"都是商周时期锄草间苗的农具，但形制和使用方法不同。

1.功能相同而形制不同。《说文·金部》云："钱，铫也。古田器。从金，戋声。"《诗·周颂·臣工》载："命我众人，庤乃钱镈。"毛传："钱，铫也。"《庄子·外物篇》说："春雨日时，草木怒生，铫耨于是乎始修。"《盐铁论·申韩篇》也说："犀铫利锄（鉏），五谷之利而闲（间）草之害也。"这些记载都将"钱镈""铫耨"和"铫锄"并称，说明它们是用于间苗锄草的两种不同的农具。《诗·周颂·良耜》载："其镈斯赵，以薅荼蓼。"《释名》曰："镈，迫也。迫地去草也。"《广雅·释器》说："镈，锄也。"《释名》曰："镈，亦锄类也。"可见"钱"是铲一类的农具，而"镈"是锄或鉏一类的农具。直到近现代，我国北方农村仍然用这种小铁锄来间苗除草，保定一带叫"小薅锄"，洛阳一带叫"小刮锄"。

2.使用方法不同。铜"钱"（铲）的使用方法，据王祯《农书》卷十三载："两手持之，但用前进撺之，划去垄草，就覆其根，特号敏捷。今营州之东、燕蓟以北农家种沟田者皆用之。"今天这种铁铲在中原地区的农村仍然使用，它装有长约0.4米的短柄，人们蹲着持铲贴地向前平铲，用以铲除田间杂草。"镈"是一种装有曲钩形柄，使用时由前方向后贴地平拉，是间苗锄草和松土的农具。

可见，商周时期的"钱"和"镈"，是两种用途大体相同，但形制和用法迥然有别的农具，"钱"是向前"揎"，"镈"是向后拉，"钱"是后来的"铲"，"镈"是后来的"锄"。陈振中曾考证并指出"商周的钱、镈"，就是"青铜铲和锄"。[4]

（四）空首布是从古代农具"钱"演变而来的

从文献资料看，空首布是从商周时期的农具"钱"演变来的，这一点，清代的古钱币学家早已指出。倪模《古今钱略》引江秋史说："钱取钱镈之义，与农器为近。"马昂《货布文字考》说："其形制如铲，究铲形即古之钱形。"秦宝瓒的《遗箧录》、叶德辉的《古泉杂咏》以及唐兰的《中国古代社会使用青铜农器问题的初步研究》等皆主此说。

从考古发现看，空首布特别是原始布的形制，与商周时期的"钱"（铲）极其相似。最早的铲币被称为"原始布"，它是从农具"钱"直接演变而来，早期的甚至完全相同。它们都有较短的銎，铲（币）身隆起直达器身的中部或上部，器身都呈长方形，肩部宽厚，刃部较薄，彼此之间的发展演变痕迹非常明显。继原始布之后出现的空首布，也保留着农具"钱"的基本特征。

商代中期以后，在黄河中游农业经济发达的中原地区先后出现了农具"钱"。这种用青铜铸造的农具，能锄草间苗和挖土，用途广泛，加之它的形体轻小，便于携带，很快就成为商品交换的媒介物，开始在市场上流通使用。此外，早在商周之际，"钱"已被作为财富加以贮藏，说明当时它已具备了货币的职能。在长期的商品交换过程中，"钱"的职能作用逐渐向货币职能转化，约在西周和春秋之际，在商业经济发展最为繁荣的东周王畿之内，"钱"已基本上完成了向货币职能转化的过程，于是出现了形体较为笨重，并铸有"益""卢氏""山""六"等简单铭文的原始布。[5]接着，约在春秋早期，原始布已经完成了由农具"钱"向货币职能转化的过程，于是空首布就随之脱胎而生了。

二、空首布的主要发现

现代以来，空首布在河南、山西境内屡有发现，陕西、北京、河北等地也有少量出现，但主要集中在洛阳周边地区。这些空首布大都有准确的出土地点，不少是经考古发掘获得的，我们将现代以来见诸报道的空首布发现情况汇集介绍如下：

1948年冬，在洛阳孟津后海资村（今朝阳）的公路旁，出土大型平肩空首布72枚，币文有"八""十""辛""高""宁""成"等33种。[6]

1954年，在洛阳市西工区小屯村北，位于东周王城遗址西北隅的一座窑场遗址内，发掘出土平肩弧足空首布5枚。其中，属于战国中晚期的H465内出土"安臧"空首布4枚。在T433F13A号战国晚期房屋遗址"靠近北墙紧贴居住面"的地方，发现残破的小型平肩弧足空首布1枚。[7]

1955年，在洛阳中州路东周王城遗址偏北部发掘的105号春秋中期墓出土的一件陶豆内，靠近腹底刻画有一个平肩空首布图案，为长銎、平肩、弧足，钱面略呈方形，且有三道平行竖纹，形态逼真，惟妙惟肖。[8]

20世纪50年代末，在洛阳市西工、老城发掘的一批春秋战国墓葬中有5座随葬有空首布：[9]

1. 在位于洛阳西工百货楼南的东周王城遗址东部，发掘一座编号为33工区M3110的春秋晚期墓，出土中型平肩空首布2枚，钱面锈蚀，残碎，钱文不清。

2. 在洛阳九都路南、东方红体育场东侧发掘一座编号为111工区M026的战国中期墓，发现"安臧"小型平肩空首布1枚。

3. 在洛阳老城区唐宫路东段北侧发掘一座编号为34工区M11的战国中期墓，发现"玉""安臧"小型平肩空首布各1枚。

4. 在洛阳老城区周公庙东南1.5公里的九都路南侧，发掘一座编号为37工区M1的战国晚期墓，出土"安臧"小型平肩空首布1枚。

5. 在上述111工区M026旁发掘一座编号为111工区M014的战国晚期墓，出土小型平肩空首布7枚，放置在墓室棺外的东南侧，因锈蚀严重，文字大都漫漶不清。

1962年3月，在宜阳县韩城公社仟佰岭村西约300米处，出土大型平肩空首布19枚，币文有"辛""丑""壬"等14种。[10]

1965年，在洛阳火车站南0.5公里，位于东周王城遗址东北部的洛阳制冷机械厂内发掘的M49战国早期墓出土的一件陶壶内，放置"安臧"小型平肩空首布1枚。[11]

1970年12月，在洛阳伊川县富留店村西约250米处出土一瓮空首布，共计753枚。其中有大型平肩弧足空首布604枚。币文有"一""五""八""臣""黍""宁""疾""公""析"等70余种；有"武"字中型斜肩弧足空首布149枚。[12]

1972年3月，上海市文物部门从洛阳东站运来的一批黄杂铜里拣选出大、中型平肩空首布261枚，其中大型者234枚，币文有"当""贸""禾""周"等58种；中型者27枚，币文有"一""二""三""六""八""丙""壬"等8种。[13]

1972年春，河南临汝县陵头乡申坡村出土平肩空首布50余枚。[14]

1973年春，洛阳栾川县狮子庙乡罗村在修筑公路时，出土中型斜肩空首布130余枚，币文有"武""卢氏""三川釿"3种。这批钱币出土后多已散失，该县文化馆征集到40余枚，其中有10余枚残损。[15]

1974年3月，河南省博物馆在郑州市二里岗开封地区土产仓库内拣选到一批大型平肩空首布，共287枚。据调查，这批钱币出土于临汝县陵头村北。其中除2枚素面外，其他都铸有文字，计有"室""松""周""谷""高""田""羊"等78种。[16]

1975年5月，洛阳孟津县常袋公社刘家嘴村东北大约250米处，出土大型平肩空首布336枚。币文有"尚""南""奉""鬲""昌"等57种。[17]

1976年春，在位于洛阳市涧河东岸瞿家屯村东北的东周王城遗址南部发掘的战国粮仓遗址62号仓窖内，清理出东周钱币116枚。其中空首布57枚，大都残破，可辨出字形的有"三川釿"布1枚、"武"斜肩布3枚、"武"平肩布1枚、"玉"平肩布2枚、"邵文"平肩布1枚、"东周"平肩布3枚、"安周"平肩布1枚、"安臧"平肩布12枚。[18]

1976年，河南临汝县骑岭乡范集村出土平肩空首布百余枚。[19]

1977年12月，在洛阳西工唐宫路与定鼎路交会处的洛阳玻璃厂东区，发掘的GM389战国中期墓，出土"郮釿"中型平肩空首布和"卢氏"中型斜肩空首布各1枚。[20]

1978年，洛阳洛宁县东宋乡出土"武"中型斜肩空首布30余枚。[21]

1978年8月，在洛阳市西工十五厂距地表深约2米的战国早中期地层内，发掘清理出两罐空首布，共1883枚。其中有平肩空首布1516枚，可分为三种类型：1. 大型布2枚，币文为"甘""市南小匕"。2. 中型布13枚，钱文有"市南小匕""市左小匕""郮釿""藏""甲"等，其中1枚"□□小匕"的背部有"易"字。3. 小型布多于1501枚，除7枚素面，其余都有币文，分别为"东周"布118枚、"安周"布55枚、"安藏"布815枚、"玉"布165枚、"邵文"布121枚、"官市"布113枚、"武"布115枚。[22]

1980年3月，河南宜阳县柳泉乡花庄村出土斜肩空首布150余斤，共1789枚。其中有"武"布1533枚、"卢氏"布150枚、"三川釿"布106枚。[23]

1982年，河南省文物商店在洛阳地区废品公司仓库征集到大型平肩空首布210余枚。戴志强先生为安阳博物馆拣选收藏的50枚空首布，币文分别为"留""吉""鬲""智""辛""贸""室""君""同""示""是""勿""冶""鼎""益""穆""禾""巨""公""午""壬""成""柳""尚""册""弄""衷""仁""丙""室""北""松""文""侯""商""丰"等37种。[24]

1983年，河南临汝县骑岭乡王寨村出土一罐大型平肩空首布，共计180余枚，币文有"页""周""文""穆""石""宁""昌"等，现藏汝州市博物馆。[25]

1984年秋，洛阳市南郊安乐乡聂湾村砖场在取土时，在大量春秋战国时的碎瓦及陶片中，发现有一团锈结在一起的大型平肩空首布，共33枚，计有币文"室""益""智""鼎""上""君""商"等25种。[26]

1984年，河南临汝县文管会在本县征集到大型平肩空首布138枚。[27]

1984年，河南渑池县李家洼村出土大型平肩空首布20余枚，币文有"辛"等，惜均已散失。[28]

1984年，河南汝阳县发掘一座战国墓，出土"武"中型斜肩空首布3枚。[29]

1984年9月，在洛阳涧西区七里河村西中州西路北侧发掘的G4M32战国中期墓内，发现"安藏"小型平肩空首布2枚。[30]

1984年9月，在洛阳市涧西区孙旗屯村G4M100战国中期墓内，发现"安藏"小型空首布2枚、"邵文"小型平肩空首布1枚。[31]

1985年4月，洛阳市西郊谷水镇一位郭姓村民在院内挖土建房时，在距地表深1.5米处挖出一罐中型平肩空首布，共约80枚。可惜这件陶罐出土后被打碎，钱币也大都散失。洛阳钱币收藏者收集到9枚，有6枚残缺，币文有"土""戈""平""巳""乃""莧"等7种。[32]

1986年4月，河南临汝县寄料乡雷湾村村民在村旁挖土时，发现一批平肩空首布，共29枚。其中，大型者币文有"鬲""贞""吉""京""留""斗""文""司""羔""丙""八"等，中型者币文有"三""八"等。[33]

1986年8月，洛阳宜阳县韩城乡王窑村村民在村东宜阳故城西部砖场取土时，挖出一批斜肩空首布。其中有"武"布276枚、"卢氏"布59枚、"三川釿"布42枚。[34]

1987年12月，在洛阳西工小屯村东位于东周王城遗址西北部发掘的G1M2430春秋晚期墓，出土大、中型平肩空首布各1枚，大型者币文不清，中型者币文为"大"字。[35]

1988年3月，在洛阳市西工区八一路北端、唐宫路北侧，位于东周王城遗址东北部发掘的G1M2547战国早期墓内，发现币文为"田""冶""鼎""宅"大型平肩空首布5枚，以及"七""下""卜"中型平肩空首布4枚。[36]

1988年3月，在G1M2547旁边发掘的一座G1M2549战国早期墓葬内，发现中型平肩空首布4枚，小型平肩空首布1枚，大都残碎，币文不清。[37]

1988年10月，宜阳县韩城镇宜阳故城遗址内出土斜肩空首布11枚。其中有"武"布9枚，"卢氏""三川釿"布各1枚。特别重要的是，其中有合背"武"字布1枚。[38]

1991年3月，洛阳市西工小屯村北一户农民在挖房基时，发现一堆空首布整齐地埋在地下，共350余枚。多为小型平肩空首布和斜肩空首布，币文有"文""武""吏""玉""安臧""邵文""卢氏""三川釿"等。[39]

1992年冬，河南汝州市临汝镇古城村旁的一座战国晚期墓出土"邵文"平肩空首布2枚。[40]

1995年5月，洛阳宜阳县段村东北发现一批斜肩空首布，其中有"武"布20余枚、"卢氏"布1枚、"三川釿"1枚。[41]

1995年6月，山西省稷山县蔡村乡杨村砖场取土时，发现空首布窖藏，出土空首布549枚。[42]

1995年冬，洛阳市郊出土了一批平肩空首布，可惜多已散失，后被中国钱币博物馆收藏7枚。其中无文布1枚，"父"布1枚，"市南小匕"布5枚。特别重要的是，有1枚"市南小匕"布背文为"昌"字。[43]

1996年10月，偃师县南蔡庄西出土"武"斜肩空首布4枚。[44]

1996年冬，伊川县白元村西在取土时发现"武"斜肩空首布6枚。[45]

1997年4月，嵩县田湖镇于岭村村民王河在斧子山采石场挖出中型斜肩空首布110余枚，币文有"武""卢氏""三川釿"3种。这些钱币出土后一部分流入北京，被中国钱币博物馆收藏。[46]

1998年，山西侯马晋国铸铜遗址中出土有耸肩空首布范芯10万多枚。[47]

2002年10月至2003年2月，河南省文物考古研究所新郑工作站发掘春秋至汉代古墓葬100座、殉马坑1座。2003年2月18日至5月13日，又在基建区东南角进行了抢救性发掘，共布大小探方4个，揭露面积469平方米，清理出丰富的东周灰坑和少量水井、灶、灰沟、祭祀坑、殉马坑等遗迹，出土丰富的陶空首布范、范芯、熔炉块、制范工具等文物，证实此处是春秋时期郑国的一处专门铸造空首布的作坊遗址。[48]

2004年12月，河南省文物考古研究所新郑工作站在新郑市区东北部的月季新城发现东周钱窖，出土多种东周时期钱币。[49]

2007年，洛阳邙山乡村民挖房基时，发现一批大型空首布。相关部门采集到7枚，币文有"十""土""木""井""山""排"等六种。这批空首布现藏洛阳理工学院文物馆。[50]

河南荥阳官庄遗址的一处大型青铜铸造作坊内，发现了世界上经碳14测年确认的最古老的铸币作坊。2017—2018年，郑州大学考古队在该作坊田野发掘过程中，辨识出4类与布币铸造相关的遗存，包括空首布成品、尚未使用的范芯、已使用的范芯及外范。官庄遗址这个春秋时期的铸铜工坊，是迄今考古发现且经碳14测年确认的世界最古老铸币厂。[51]

三、空首布的种类

根据空首布肩部、足部、裆部的形体特征，可以将空首布区分为平肩弧足空首布、耸肩尖足空首布、斜肩弧足空首布三种类型，除了这三种类型，还有早期出现的极少数原始布和早期空首大布。

（一）原始布和早期大布

原始布的銎部较长，前面有三道平行的竖纹。钱身肩部平直，下部稍宽，四周有郭，足面内凹呈弧形，已有币文出现。这种钱极为少见，目前见于著录的一共有10余件，即王毓铨《中国古代货币的起源和发展》列出的10件[52]、郑家相《中国古代货币发展史》列举的4件[53]。据吴良宝先生研究，去除重复、伪品以及工具铲，目前真正的原始布只有6件[54]，见于馆藏的有中国历史博物馆（现国家博物馆）1件和上海博物馆1件。

早期大布、早期空首大布有着体形硕大、厚重、无文字，銎部呈六棱形，面部均有三道平行竖纹等特点，比常见的平肩弧足、耸肩尖足、斜肩弧足空首布更大更重。早期大布通长在15厘米、身宽6.5厘米左右，重44克左右。[55]早期空首大布发现的极少，目前见诸报道的分别是：

1978年，山西寿阳县出土一批耸肩空首布，其中有3枚空首布的銎部呈棱形，与早期空首大布相同。

1982年，山西新绛县横桥乡宋村采集到2枚耸肩弧足空首布，比较完整的1件残长11.8厘米，肩距6.5厘米，足距7.2厘米，残重53克；另1件残长12.9厘米，肩距7厘米，足距7.5厘米，残重55克。[56]两枚空首布都是体形宽硕肥大，有周郭，二者均为采集品，没有明确地层关系。

1990年，山西曲沃县曲村镇天马村的路旁断崖上发现埋藏于小窖穴的2枚空首布，窖穴被旁边一个较大的灰坑少许打破。灰坑年代当略晚于窖穴，坑内出土的陶器为典型的春秋中期后段器物。这2枚空首布为平肩弧裆尖足空首布。通长分别为15厘米和15.2厘米，重分别为70.2克、84.5克。[57]

1993年，河南嵩县出土平肩深弧裆尖足空首布10余枚，其中1枚通长15.8厘米，重56克。[58]

1997—1998年，河南省新郑市"郑韩故城"郑国祭祀遗址内发掘出土了早期空首大布的钱范，"范体泥质灰陶，近长方体"，所铸空首布腔"通长14厘米左右，身长9.7厘米，足宽约7.2厘米"，是一个"特大型平肩弧足空首布的形状"，"上刻三条竖直平行线。三条线长度相同，两侧的两道纵贯布身，中间的一道粗深并向上进入器形腔0.5厘米"。[59]新郑发现的早期平肩空首大布铸范，出土于春秋中期郑国祭祀遗址中的一口长方形井内，同出的有26件六棱形的内范，以及青铜鼎、方壶、编钟等。这枚空首布背范的钱形，与山西曲沃县出土的两枚早期空首大布的形状相同，也与《货系》第30、31号的两品形制、大小十分相似。这说明早期空首大布的铸造年代应当在春秋中期。

（二）平肩弧足空首布

平肩弧足空首布是从早期空首大布演变而来，但币身缩短、足部弧度变小、重量减轻，銎部已变为四棱形。平肩弧足空首布绝大多数都铸有文字，但币文的字数从一个到四个不等，多数是单个的字。目前已经发现并著录的平肩弧足空首布币文，大约有250种。[60]《古泉汇》《续泉汇》等已经指出空首布的币文内容有数字、干支、地名等。有的学者认为它们"可能有一定的编排秩序"，"如：祝吉祥，君尚富，货大行，喜利阜"[61]；或认为其中还有"五等爵、庙号、五行、五音等"。[62]这些观点有一定的道理，但从目前发现的币文还不足以证实，期待以后有更多的新发现予以验证。

目前古钱学界一般按照形体的大小，将平肩弧足空首布划分为大型、中型、小型三式。

大型平肩弧足空首布与早期大布相比钱身明显变小，较为轻薄。布的正面多数都有一个三角形凸起和不规则形穿孔。布的铜质精细，造型规整。一般通长9—10厘米、身长5.8—6.2厘米、肩宽4.8—5厘米、足宽5—5.2厘米，銎内多带有泥质范芯，连芯重多在37克。[63]布面多铸有文字，以单字居多，个别的也有多至四个字的。除了明显的数字、干支用字，有一些可能是名物以及地名等。

中型平肩弧足空首布的形制与大型平肩弧足布相同，系平肩、弧足，形体较小，制作稍粗糙。一般通长8.1—8.9厘米、身长4.9—5.6厘米、肩宽4—4.5厘米、足宽4.3—4.9厘米，连銎内范芯重24克左右。[64]中型平肩弧足空首布的币文有数字类，如"三""六""八"等，以及"方市""周南小匕""市南少匕""市中少匕""市西少匕"等。

小型平肩弧足空首布形似中型平肩弧足空首布，但形体更小，制作粗糙，肩部两端常有流铜现象。钱身近方形，背面纹饰有两种：一为三道平行竖纹；一为中间一道竖纹，两旁各有一道斜纹。一般通长6.7—8.3厘米、身长3.9—4.8厘米、肩宽3.5—3.8厘米、足宽4.5—5.1厘米，连銎内范芯重15—22.4克。[65]小型平肩弧足空首布的币文有"二""十""百""武""丰""安周""安陵""东周""邵文""官考"等。

（三）耸肩尖足空首布

耸肩尖足空首布是肩部上耸、足部尖细的空首布，这种布一般体形较大，质薄，布首细长，銎部上宽下窄，布首面部有不规则孔，首部多带范芯。这种空首布相对较少，依其大小不同，亦可分为大、中、小三式。

大型耸肩尖足空首布形状和早期特大型布类似，但形体较为轻小，布身上部有细长的銎和高耸的双肩，下部有细长的尖状足，裆部呈弧形。面部和背部有三道平行的竖纹，钱面多无文字。通长13.6—15.3厘米、身长9.1—10.7厘米、肩宽6.1—6.7厘米、足宽6.4—7.1厘米。[66]钱面币文有"一""二""四""六""七""八""吕""甘丹"等。

中型耸肩尖足空首布形制与大型耸肩尖足空首布相同，但形体变得轻小，裆部平直。币文有"甘丹""刺"等。通长13—13.5厘米、身长9.1—9.3厘米、肩宽5—5.6厘米、足宽6.1—6.4厘米，一般带范芯，重30—38克。[67]

小型耸肩尖足空首布，形体变得更为轻小，铸作粗糙，裆部平直，币面特薄，均无文字。一般通长为11.7—12.2厘米、身长8—8.2厘米、肩宽4.3—4.9厘米、足宽5—5.4厘米，带范芯，重20.5—32.5克。[68]

（四）斜肩弧足空首布

斜肩弧足空首布是出现相对较晚的一种空首布币。除了首部中空、长銎、弧裆，斜肩弧足空首布显著的形体特征是具有向下倾斜的双肩，且足间距宽于肩。从形体上看，可分为大、中、小三式。

大型斜肩弧足空首布形似大型平肩弧足空首布，但形体略小，两肩下斜，足部较宽，钱身质地厚重，面背各有三道线纹，中间一道竖直，两边两道各从銎与钱身相接处分出斜行至足部两端。通长8.6—9厘米、身长5.4—6厘米、肩宽4.1—4.4厘米、足宽4.7—4.9厘米。连同范泥重21.4—31.2克。[69]

中型斜肩弧足空首布与大型斜肩弧足空首布基本相同，但钱的两肩明显变窄，钱身质地较为轻薄，有的钱面上有一个三角形穿孔。通长7.3—7.4厘米、身长4.6—4.8厘米、肩宽3.5—3.7厘米、足宽3.9—4.2厘米。连同范泥重14.7—20.3克。[70]钱面币文有"武""卢氏""三川釿"等。

小型斜肩弧足空首布形制与中型斜肩弧足空首布相同，但形体特小，钱身轻薄。通长6.7—7.3厘米、身长3.9—4.8厘米、肩宽3.5—3.7厘米、足宽3.8—4.2厘米。连同范泥重15.5—22.4克。[71]面文有"武""武安""武采"等。

四、空首布铸行年代

（一）平肩弧足空首布的铸行年代

从文献资料看，清代晚期钱币学著作已将平肩弧足空首布列为周代钱币，如《吉金所见录》《古泉汇》将"平肩空首布"置于"列国布品"之下，"疑是宋卫之物"。朱活在《古钱新探》中认为："从币文来考察，平肩弧足空首布钱主要是周王室的铸币，其次是晋、郑、卫，宋次之。"蔡运章在《洛阳钱币发现与研究》中根据"这种布币大概流通于春秋时期关洛一带"，认为平肩弧足空首布是周制。

从遗址发现的平肩弧足空首布铸范的情况，可以判断其相对可靠的铸造时代。河南新郑"郑韩故城"春秋中期郑国祭祀遗址的一口长方形井中，发现了一件特大型平肩空首布的铸范[72]，这表明特大型平肩空首布在春秋中期已开始铸造。

根据墓葬中随葬平肩弧足空首布的情况，也可以推测其大致的铸行时代。洛阳西工区王城遗址西北部M2430春秋晚期墓出土大、中型平肩空首布各1枚，大型布面文不清，中型布面文"大"字；西工区M3110春秋晚期墓出土中型平肩空首布2枚；西工区战国早期M2547、M2549各出土中型布4枚；1977年，洛阳玻璃厂战国中期M389出土"郮釿"中型平肩1枚。[73]这些发现说明，大、中型平肩弧足空首布铸造不晚于春秋晚期，一直流通到战国早中期。1978年，河南洛阳西工区十五厂战国早中期地层内出土的1883件空首布中，大型布仅有2枚；而1988年西工区战国早期M2547出土的空首布中也只有5枚"冶""真"等大型平肩弧足布，说明大型平肩弧足布在战国早期虽然仍在流通，但已进入尾声。1955年，洛阳中州路春秋中期M105上方封土中出土的陶豆内，刻画有一个平肩空首布的图案，钱身较宽，面部有三道竖线，与大型平肩布十分相似[74]，也说明大型平肩弧足空首布出现的时代不早于春秋中期。

此外，一些可以考定的平肩弧足空首布地名，比如"共""原""邢丘"等，在史书中都有比较明确的归属变迁记载，也可以为推断其铸行时间提供有益的借鉴。如《左传·僖公二十五年》周王将阳樊、温、原等南阳之地赐予晋文公，时为公元前635年；《左传·成公二年》"晋人使（楚申公巫臣）为邢大夫"，时为公元前589年。可见，大型平肩空首布的铸行应不晚于春秋中期中段。

（二）耸肩尖足空首布的铸行年代

耸肩尖足空首布的铸行年代可以从侯马大型铸铜遗址中找到答案。山西侯马铸铜遗址早、中、晚期出土的大量空首布币范和少量空首布实物表明，耸肩尖足空首布在春秋中晚期之交就出现了，并一直沿用到战国早期。

山西侯马晋国铸铜遗址是1955年发现的一处大型铸铜遗址，曾多次进行大规模考古发掘，出土了大量的空首布范、范芯和空首布，这些考古发现为耸肩空首布的铸行年代提供了可靠的证据。

在侯马牛村古城南的Ⅱ号、ⅩⅩⅡ号两处铸铜遗址中，曾经发掘出土过耸肩尖足空首布的陶范及范芯。ⅩⅩⅡ号遗址早期Ⅱ段、中期Ⅲ段的遗址中还出土有较为完整的空首布范10块。另外，在ⅩⅩⅡ号遗址半地穴式房子（F30T557）中也发现了6块空首布范。同时Ⅱ号及ⅩⅩⅡ号遗址早、中、晚期皆出土空首布范芯（中期最多，早期最少）。其中，Ⅱ号遗址共出土435件，ⅩⅩⅡ号遗址共出土2319件。

另外，1957年试掘的ⅬⅣ号遗址出土了大量空首布范芯，总数在10万件以上。遗址还出土了较为完整的耸肩尖足空首布4件，在侯马晋国铸铜遗址的其他地点也采集到空首布100余件。[75]侯马铸铜遗址的年代为春秋中期偏晚到战国早期，说明耸肩空首布的铸行年代也在这一时期。

（三）斜肩弧足空首布的铸行年代

斜肩弧足空首布可能在春秋末期就已经出现，战国早期乃至中期都在流通，这可以从考古资料反映出来。1970年伊川富留店春秋末期陶罐内放有"武"字斜肩空首布149枚。[76]1977年，洛阳玻璃厂东区M389战国中期墓中，出土"郮釿"中型平肩空首布1枚和"卢氏"斜肩空首布1枚，其中"卢氏"斜肩空首布通长8.4厘米、肩宽4.4厘米，连范土重23.5克。依据洛阳中州路遗址的考古分期，M389属于战国中期。[77]1974年8月，东周王城东北角发现两罐空首布币，其中斜肩布367枚（大型者355枚），同时出土的小型平肩布达1511枚，陶罐"压在探沟第四层之下，打破了第五层。在第四期的遗物中，有春秋战国时期的陶器，其中有浅盘高柄豆、折腹盆等，在洛阳中州路第七期（即战国晚期）遗物中有相同类型。因而这批钱币的窖藏年代应早于战国晚期"[78]。河南洛阳东周王城C1M6767（战国早期墓）中，平肩、斜肩弧足空首布同出。[79]这些资料说明，大型斜肩弧足空首布的使用年代可能持续到战国中期。考古出土的早期空首大布，其年代不晚于春秋中晚期之交。斜肩弧足空首布肯定要比空首大布晚。因此，"卢氏"等斜肩弧足空首布的铸造时间最早只能为春秋晚期。

《水经·洛水注》引《竹书纪年》："晋出公十九年，晋韩龙取卢氏城。"时在公元前456年。"卢氏"于战国中期晚段入秦，此前韩国、魏国在此分别铸造了"卢氏百涅"锐角布、"卢氏半釿"桥形布等平首布币。[80]空首布的铸造要早于平首布，"卢氏"斜肩弧足空首布的铸造应当在锐角布、桥形布等布币之前，也就是说不会晚于战国早期。

五、空首布的铸行区域

（一）平肩弧足空首布的铸行区域

关于平肩弧足空首布的铸行区域，学术界有不同看法。王毓铨先生认为是鲁、晋、郑、周、戈、宋、秦、齐等国的铸币。[81]郑家相先生认为它是周、卫、郑、宋、晋、戈等国的铸币。[82]王献唐先生认为"大抵皆晋区域也"。[83]彭信威先生认为："这种布币大概流通于春秋时期的关洛一带，一般人认为是周制。"[84]蔡运章先生认为是东周王畿内的铸币，我们比较认同彭先生和蔡先生的看法。

首先，清代及民国时期民间收藏的空首布多出土于洛阳及周边地域，《吉金所见录》《古泉汇》《观古阁泉说》《泉币》等钱币学著作对此类空首布出土地域的记载可资佐证。据王毓铨先生的汇集，《俑庐日札》：空首布币文为数字者出"洛中"，"安臧"空首布出"洛中"，"八"字空首布出"大河以南，距洛阳数十里之地"；《吉金所见录》卷二载，铲币"迩来中州出土者甚多，他处无之"；《古泉汇》载，铲币"今所见共七类，似非一地所铸。且或纪数，或纪干支，或纪地名"，"此布多从中州出土"；《观古阁泉说》载，"铲币出中州"；《遗箧录》卷一记载空首布"近世多从中州出土，大小形制不一"；《泉币》载，"成"空首布出"洛中"；《药雨古化杂咏》："东周"空首布"得之汴梁叟"。以上钱币学著作中清楚地指出这种钱币"多从中州出土"，在"洛中"或"距洛阳数十里之地"。"中州"古指洛阳，也是河南的别称，故其确切出土地点也当在洛阳周边。

其次，随着城市建设的快速发展和考古发掘的深入推进，相继发现了大量平肩弧足空首布。

这些发现主要集中在洛阳及其周边地区，如孟津、偃师、宜阳、伊川、汝州、巩义、登封、新安、渑池等地。豫北地区和晋南地区也有少量出土。据《洛阳钱币发现与研究》统计，仅洛阳市区东周王城遗址及其附近就出土多达20批2100枚。这进一步说明平肩空首布的铸行区域主要集中在以洛阳东周王城遗址为中心，东起巩义、西达渑池、北抵孟津、南到汝州，东西约130公里、南北约100公里的范围内。[85]其他地区的零星发现，当是因商贸流通或其他原因而流传过去的。

最后，平肩弧足空首布的出土地域和铸造地名，多在东周王畿之内。已发现的币文中，可以确认为地名的也大都在洛阳附近。其中的周、成、盟、留、甘、京、亳、邶、市左、市西、市中、市南等地名，均分布在今洛阳市及其附近孟津、偃师、宜阳、伊川、汝州等境内。春秋战国时期，周王畿的疆域变化较大。《皇朝经世文编》卷七十八记载：周平王"东迁后，王畿疆域尚有今河南、怀庆二府之地，兼得汝州，跨河南、北，有虢国桃林之隘以呼吸西京，有申、吕南阳之地以控扼南服，又名山大泽不以封，虎牢、崤函俱在王略"。但到春秋中晚期，"王所有者，河内（沁阳）、武陟二县及河南府之洛阳、偃师、巩县、嵩县、登封、新安、宜阳、孟津八县，汝州之伊阳、鲁山，许州府之临颍县，与郑接壤而已"。战国初期，据杨宽《战国史》载："周有今河南孟津、洛阳、偃师、巩义、汝阳等县间地，过黄河有温县的一小部分。"[86]战国晚期，《史记·周本纪·集解》引徐广曰："周比亡之时，凡七县，河南、洛阳、谷城、平阴、偃师、巩、缑氏。"由此可见，平肩弧足空首布为周王畿内的铸币。

（二）耸肩尖足空首布的铸行区域

关于耸肩尖足空首布的铸行区域，学术界的观点基本相同，并且也十分中肯。王毓铨先生认为，它"铸造于今河南北部和河北南部"[87]。郑家相先生认为："此布创铸于漳水流域之卫地，后由其地入晋，而遂扩展于汾水流域之晋地。"[88]

首先，这种钱币在今山西侯马、稷山、运城、翼城、芮城、闻喜、绛县、太原、榆次、寿阳及河南安阳、林州、浚县、灵宝等地屡见出土，分别集中在以晋国早期都城晋阳（今山西太原市西南）、晚期都城新田（今山西侯马）和卫国早期都城朝歌（今河南淇县北）为中心的三个地区，尤以晋都新田附近最为集中。这是晋、卫都城地区商业经济发达的必然结果。

其次，在山西侯马发现了晋国春秋晚期的大型铸铜遗址，共出土10万多枚早、中、晚期耸肩尖足空首布范芯，堪称钱币的铸造工场，这批币范的出土为判定它的铸行区域提供了可靠的依据。

最后，从这种钱币的铸造地名来看，币文中最常见的"甘丹""吕"都在晋、卫地区。"甘丹"在今河北邯郸市西南，春秋初期属卫，后归晋国所有，战国时为赵国都城。"吕"在今山西临汾东北，春秋时为晋地。可见，这些货币的铸造地名也都是晋国的城邑。由此可以推定，耸肩尖足空首布是晋、卫地区的铸币。

（三）斜肩弧足空首布的铸行区域

关于斜肩弧足空首布的铸行区域，各家的看法不大一致。郑家相先生认为："武字、卢氏布属晋地铸，济（三川）鈽属郑地铸……大抵晋地创其制，而郑地仿之也。"[89]彭信威先生说："空首布大抵都出于关洛，即现在的陕西、河南。"[90]王毓铨先生则认为：它"铸造于今河南西部（自郑州以西）。"[91]蔡运章先生认为，这种货币主要是春秋战国时期东周王畿内的铸币，晋、郑两国也有铸造。春秋中期晋国势力跨过黄河以后，在黄河以南属地内铸行的钱币。战国以降，韩国承袭其制，斜肩空首布就成为韩国的重要铸币之一。[92]我们认同蔡运章先生的观点。

首先，清代及民国时期，钱币藏家收藏的斜肩弧足空首布大都源于洛阳一带。清代以来的钱币学著作《吉金所见录》《俑庐日札》等都有钱币出处的相关记载。据王毓铨先生汇集的资料，《俑庐日札》："武"字空首布出"洛中"；《吉金所见录》卷二说："武"字空首布有的是"孟津人培土所得，黄土满中"。这些斜肩空首布的出土地点中，"洛中"和"孟津"在春秋战国时期属周王畿内，"灵宝"自春秋中期后归晋国所有，可见这些钱币的出土地域也多在晋、韩的势力范围之内。

其次，20世纪50年代以后斜肩弧足空首布多在宜阳、洛阳、郑州、伊川、栾川、嵩县、卢氏、洛宁、偃师等地出土，尤以韩都宜阳故城附近最为集中。自公元前658年晋国灭掉虢国后，晋国的势力已南渡黄河，拥有今三门峡湖滨区、陕州区、灵宝、卢氏等地。战国以降，此地归韩。公元前424年韩武子迁都宜阳（在今宜阳县韩城镇），到韩景侯时（前408—前400年）迁都阳翟（在今河南禹州市东北），公元前375年韩哀侯灭郑后迁都新郑（今河南新郑市）。宜阳不仅是韩国早期的都城，而且也是战国时期著名的交通要道和商业都市。[93]战国之世，韩国全境包围两周地区，因此在周王畿内出土斜肩弧足空首布，当在情理之中，这说明斜肩弧足空首布的出土地域，集中在以韩都宜阳故城为中心的豫西地区。而其他地方零星出土的斜肩弧足空首布，当是因商贸或其他原因从晋、韩地区流通过去的。

　　最后，斜肩弧足空首布的铸造地名，亦在晋、韩地区。"武""卢氏""三川釿"是斜肩弧足空首布中最常见的三种钱币。"卢氏"为铸造地名。《汉书·地理志》弘农郡有卢氏县，本为西周时卢戎的居住地，春秋中晚期属晋，战国早中期归韩，在今河南卢氏县、洛宁县境。三川，古指灵宝以东、黄河以南的伊、洛河流域和北汝河上游地区，宜阳地处三川流域的中心区域，韩武子东迁后，逐渐控制了这一地区。因此，斜肩空首布可以确定的铸造地名，皆在晋、韩地区。综上所述，我们认为斜肩弧足空首布系东周王畿以及晋、韩地区的铸币。

六、空首布的币文探讨

　　货币文字是古文字学的一个分支，而空首布的币文又是货币文字的重要类型之一，古文字学对于货币文字研究具有指导意义，空首布币文的研究对于古文字研究也是有益的补充。空首布币文与其他古文字一样，有着鲜明的时代特征，因其铸行量大，流通区域广，铸造地不同且受到制范者个人影响，使得币文千姿百态，变化多端，甚至同一个字出现数十种不同写法的奇特现象，而且币文内容种类繁多，包罗万象。有不少币文至今未能释读，已释读的也有许多不明其意。因此，空首布币文的研究可谓任重道远，还有大量工作要做。

　　根据已发表的空首布研究资料，多数空首布是有币文的。如《洛阳附近出土的三批空首布》一文介绍，共发现大型平肩空首布676枚，其中伊川富留店村出土604枚，孟津后海资村出土72枚，币面皆有铭文，可辨的90种；斜肩空首布（亦称"武"字空首布）149枚，均在伊川富留店村出土，与大型平肩空首布同出于陶瓮中，均为"武"字铭；小型平肩空首布（亦称"安臧"空首布）40枚，铭文除1枚可能为"戈"外，其余均为"安臧"。[94]

　　《洛阳聂湾发现东周空首布》一文，记述了洛阳市南郊安乐乡村民在制砖场取土时，采集到一团与土锈结在一起的空首布共33枚，除1枚残为两段、2枚稍有残缺，其余30枚均完好无损。33枚空首布均有文字，文字种类有25种。[95]

　　据《河南临汝出土一批空首布》一文可知，河南省博物馆在郑州市二里岗开封地区土产仓库内拣选了一批春秋时期空首布，计287枚，除2枚无文，其余币面皆有一个字，共78种。经调查，这批空首布出土于临汝岭头村一个陶罐窖藏内。[96]

　　《洛阳小屯村发现东周空首布》记载，洛阳市西工区东涧沟村挖房基时发现一罐空首布，共计354枚，多数带有文字，文字有多种。[97]

三门峡陕州区丰阳村出土春秋时期空首布504枚，盛装在一个灰陶鬲中，带有币文的达452枚，约占总数的90%

以上这些发现表明，空首布一般都有币文，币文以甲骨文和金文居多，明显地带有殷商文字的痕迹。因此，我们可以认为空首布币面文字与殷商时期的文字有密切关系。

空首布币文多数为一个字，少数为两个字或四个字。币文内容丰富，主要有数字、干支、地名、吉语、合文等种类，还有疑似庙号、爵制、五声八音类的币文。

我们在整理三门峡陕州区丰阳村这批空首布的时候，开始注意到空首布币文中的数字现象，在查阅的相关资料中，发现平肩弧足空首布和耸肩尖足空首布中都有一定数量的数字币文，有"二""五""六""七""八"五种（不含合文数字）。从已公开的空首布整理研究资料看，平肩弧足空首布的数字铭文大都在币身正面中部位置，截至目前发现的有"一""二""三""五""六""七""八""九""十"等数字（不含数字合文）。这些数字中，"五""八""九"字形变化较大，出现不同写法。除此之外，还发现有数字合文，且组合方式多种多样，未有统一格式，说明当时尚未有统一规范的数字币文。尽管写法格式不统一，但一百以内的数字合文多数都出现过，也有"一千""两千"数字币文的出现。很少发现平肩弧足空首布的背面数字币文，目前仅见的钱币文为"市中小匕""市左小匕""邨釿"等，数字有"八""九""十"三种。耸肩尖足空首布的数字多出现于币文正面，位置不太固定，大部分都在布身中部，亦发现有出现在肩部的，目前发现的数字有"一""二""四""六""七""八""十"等七种。目前为止，尚未发现斜肩弧足空首布有数字币文现象。

先秦货币上的数字使用并不规范，纪数方式较为原始，这可能是从商周时期的纪值数字发展演变而来。先秦货币币文中的数字，是我国古代货币中出现最早的数字，这种用数字纪货币等制的方法也影响到后世的货币制度。而秦汉时期"半两"钱出现数字，就有可能受到了空首布纪数字的影响。

干支类币文在空首布币文中比较常见，出现频次较高的有"戊""壬""午""丑"等。空首布的纪干支类币文当是延续殷商时期甲骨文、金文中干支纪年的方法，但此类文字的寓意尚不明确，有待学者们的进一步研究。

地名类币文在已被释读的空首布币文中是最多的一类，已被确认的当在100种以上。对空首布币文中的地名研究颇为悠久，至少可以溯源至宋元之际。元代陆友仁在《砚北杂志》中对货币文字作了考释。他认为："先秦货币，篆文奇古，多铸地名。余在京师得数十品，曰'屯（音纯）留'，曰'安阳'，曰'平阴'，曰'高阳'者甚多。其文有不可尽识者。以《汉书·地理志》考之，'屯留'在上党，'高阳'在涿郡，'安阳'在汝南。"这段材料在钱币学史上有着重要意义，一是正确厘定了文字，二是断定为先秦地名。清代尚龄《吉金所见录》、倪模《古今钱略》和马昂《货布文字考》等著作中都对布币中的地名进行过不同程度的研究。但在这方面取得突破性进展的，还应数借鉴考古学、古文字学等多学科研究成果进行综合研究的当代学者裘锡圭、何琳仪、黄锡全、郑家相、李学勤、蔡运章、李家浩、张颔等先生。就目前学术界已获得的先秦货币地名的研究成果而言，主要集中在对各类货币地名的释读、地望考证及各类货币的国别隶定和铸行时间的确定上。

就早期空首布中的平肩弧足空首布、耸肩尖足空首布而言，其流通时间在春秋中期以后。而平肩弧足空首布中已考证的地名大都在河洛流域，其中："少曲"，在济源东北；"周"，在成周；"土"，在今荥阳；"京"，在荥阳市东南；"济"，在温县西北；"曲"，在修武县北；"巩"，在今巩义；"葛"，在孟津东北；"成"，在偃师西南；"侯"，周邑，在偃师市缑氏镇；"留"，在偃师缑氏镇东南；"是"，在今洛阳西南。耸肩尖足空首布中已考定的地名大都在汾滦流域，其中："吕"，在山西霍州市西南；"智"，在山西临猗县和永济市之间；"梁"，在长子县东；"嗌"，在灵丘东南。

斜肩弧足空首布币文相对较少，目前发现有五种，即"卢氏""三川釿""武""武安""武遂"。

早期平肩弧足空首布大多有文字，以一个字者为主，少数有两个字或四个字。关于一个字的币文，曹锦炎先生认为除干支、数字和地名，还可能有其他方面的内容。现将曹锦炎先生《先秦货币铭文的若干问题》的相关论述附后。[98]

周王的谥号

文：162—164（见《先秦货币卷》，下同）

武：165—168

成：169—179

穆：185—186

共：188—189

文，文王；武，武王；成，成王；穆，穆王；共，共王（典籍或作恭），面文均为省称。文王为武王之父，商时封为西伯，其他几位都是西周早期之周王。根据史籍中周天子谥号的排列关系，还应该有"康""邵"（典籍作昭）两王。所以，在今后新发现的这类早期空首布中，很可能还会出现"康""邵"币文之新品种。至于周王的谥号省作一个字，在青铜器铭文中也不乏其例。

从文王封西伯、武王伐商建立周朝，一直到共王，在西周历史上都是有所作为的君主，所以值得后世怀念铭记，用他们的谥号作为空首布的币文，有点像今天的纪念币性质，尽管不排除它们有起到编号的作用。

五声、八音

"五声"和"八音"，是先秦时代的音乐术语，《尚书·益稷》："予欲闻六律、五声、八音。"《周礼·大司乐》："以六律、六同、五声、八音。"所谓五声，乃是指"宫、商、角、徵、羽"五声音阶，它们大致相当于现在音乐简谱上的"1、2、3、5、6"，后来加上"变宫""变徵"，才形成七声音阶。平肩弧足空首布币文中，正有这五声：

宫：224

商：153—159

角：337—338

徵：522—523

羽：319

《汉书·律历志》云："《书》曰'予欲闻六律、五声、八音'，言以律吕和五声，施之八音，合之成乐。"这是说五声由十二律来协和，通过八类不同的乐器表现出来，方才成为音乐。所谓"八音"，是指由八类不同的乐器发出的声音，即《周礼·大师》所说的"皆播之以八音：金、石、土、革、丝、木、匏、竹"。据郑玄注："金，钟镈也；石，磬也；土，埙也；革，鼓鼗也；丝，琴瑟也；木，柷敔也；匏，笙也；竹，管箫也。"事实上，这里是指由以上八种不同的物质所构成的乐器，郑玄所说只是举例而已。

八音，在早期平肩弧足空首布币文中也有反映：

土：232—237

石：227

木：296—300

竹：315—317

系（即丝）：318

金：261—262

《大系》所释的"金"字还有疑问。八音中尚未出现"革""匏"，这两种币文，有待今后之发现。

五等爵制

公、侯、伯、子、男，是两周时期的五等爵制，币文中也有反映：

公：202—206

侯：207—213

白（即伯）：214

"伯"作"白"，见于青铜器铭文。还未发现"子""男"（铜器铭文或作"任"）币文。另外，币文"周"（160—161）指周朝，而"君"（193—198）和"臣"（199—200）就毋庸多言了。

《国语·周语》中关于周景王铸大钱的记载，对研究钱币史的学者来说并不陌生。同卷中记周景王铸大钟、问律于伶州鸠的事，于音乐史研究者而言，也是津津乐道的。结合两者的记载，再通过空首布币文有"五声""八音"的事实来看，这类早期的平肩弧足空首布，有可能是周景王时期所铸造。如此推测不误的话，则春秋中后期已开始行使金属铸币的说法可成定论。

七、空首布的铸造

　　该节"空首布的铸造"系摘录蔡运章先生的研究成果，略有改动。蔡先生认为，空首布因其上部有銎、钱身较薄等特征，故成为我国古代金属货币中最难铸造的钱币。它的铸造工艺等问题，以往因考古资料缺乏，难以深入探讨。1957—1962年山西省侯马晋国铸铜遗址和1995年洛阳东周王城遗址出土的空首布钱范和范芯，为这个问题的研究提供了珍贵资料。

（一）平肩弧足空首布钱范

　　1995年1月，洛阳市王城公园正门南约500米的市政府西家属院基建工地，出土平肩弧足空首布陶面、背范各1件。均呈长方体，灰褐色，质地细密坚硬，两范皆从中间横向断裂。范面都经过细心错磨，加工痕迹尚清晰可见。范面上部四周微向内收，宽1.5厘米，上小底大。四角抹去方棱，略呈圆形。一侧都有两竖道合范符号，长1.5厘米。两范皆经浇铸使用，分型面及范腔内有灰色涂料层。范面上端有浇槽，两范合拢呈漏斗状，芯座和钱型间没有明显分界。

　　1. 面范浇槽长7.2厘米，上宽1.7厘米，下宽1.2厘米，槽上深1.1厘米。中间有近似方形的卯槽，长0.7厘米，宽9.8厘米，深0.4厘米。浇槽下连钱面，为平肩、弧足，中间有三道平行竖纹，右侧两竖纹间刻篆书"安臧"二字，身长3.9厘米，肩宽3.1厘米，足宽3.6厘米。范面长12.2厘米，宽7.9厘米；底长12.4厘米，宽8厘米，厚3.2厘米，重650克。

　　2. 背范浇槽长6.7厘米，上宽2.1厘米，下宽1.2厘米，槽上深1.1厘米。浇槽下为钱面，平肩、弧足，中间有三道平行竖纹。身长3.9厘米，肩宽2.9厘米，足宽3.4厘米。范面长12.5厘米，宽8.1厘米；底长12.7厘米，宽8.3厘米，厚3.8厘米，重590克。

（二）耸肩尖足空首布钱范

山西侯马系春秋晚期晋国的都城，晋国故城遗址就分布于侯马市西南汾河、浍河之间近40平方公里的地域内。侯马发现的晋国古城遗址有5座，位于牛村的一座古城称牛村古城遗址。牛村古城遗址东南部，在东西长约1200米、南北宽约800米的范围内即是晋国的铸铜遗址。这里文化遗物丰富，常见有陶器、瓦类、骨料、石料和大量的铸铜陶范。其中Ⅱ号和ⅩⅩⅡ号遗址以礼器、乐器、车马器和工具范为主，ⅩⅩ号遗址为石器作坊，Ⅰ号遗址出土大量骨料，ⅩⅩⅠ号为祭祀遗址，LⅣ号遗址出土大量空首布范芯。我们仅将1957—1962年发掘出土的耸肩尖足空首布钱范和范芯作简要讨论：

1. 耸肩尖足空首布钱范在ⅩⅩⅡ号遗址早期Ⅱ段和中期Ⅱ段中出土较完整的陶钱范10件。其中，T557F30出土6件，T557H373出土2件，T667H431出土2件。均为双合范，呈长方体，灰褐色，质地坚硬，圆角，背底略小，中央较高，两侧稍低，削抹平整。侧面有一周宽1厘米的凹槽，一侧刻有两竖道合范符号。皆经浇铸使用，分型面及范腔内有灰黑色涂料层。范面上端浇口处有芯座，可分为两种，常见的一种座体较长，直通范外，早、中、晚三期多有发现。上端宽1.6—2.8厘米，单面深1.1—1.2厘米，高2.4—2.9厘米。还有一种座体较短，上端不通范外，芯头卡在座体内，这种仅见于早期和中期。上端宽1.9厘米，深1厘米，高1.2厘米。芯座内均有长方形卯槽，一般长0.5—0.8厘米，宽0.3—0.6厘米。芯座下为钱型，均为长柄、耸肩、尖足、圆（或方）档。币面有三条平行的竖线，中间的一条稍短。一般通长14—14.5厘米，柄长5—5.1厘米，身长9.7—10厘米，肩宽5.6—5.7厘米，足宽6.4—6.8厘米。陶范面长17.5—18.5厘米，宽8—8.5厘米，厚3.5—4.5厘米。

2. 耸肩尖足空首布范芯在Ⅱ号和ⅩⅩⅡ号两处遗址的早、中、晚期皆出土了耸肩尖足空首布陶范芯，以中期最多，而早期则较少。Ⅱ号遗址出土435件，ⅩⅩⅡ号遗址出土2319件，其中中期Ⅳ段T657H617出土887件。同时，1957年试掘的LⅣ号遗址也出土大量耸肩尖足空首布范芯。这里出土空首布陶范芯约在10万件以上，均呈楔形，红褐色，含少量细砂，质地坚硬。一面较平，上端有卯，卯多为长方形。稍下有横棱，棱上为芯头，下为芯身。芯身下部的一（或两）面有个凸起的长条形芯撑。另一面上端呈斜坡状，下端较平直。范芯两侧中间都有垂直的披缝，当为用芯盒翻制时留下的痕迹。当空首布浇铸成型后打掉芯头，芯身留在币首内。一般可分为两种，一种芯头较长，形制大小与芯座较长的一种钱范相吻合，顶端多数有一个稍小于顶面的正方形印痕。一般通长4.5—5.9厘米，芯头长1.8—2.2厘米，顶端宽2—2.3厘米，下端断面宽1.2—1.7厘米，厚0.9—1.6厘米。另一种芯头较短，数量较多，形制与芯座较短的一种钱范相吻合，铸造时镶嵌在芯座内，下部两面各有一个三角形芯撑。一般通长5厘米，芯头长1.1厘米，顶端宽2厘米，下端宽1.7厘米，厚1.5厘米。

（三）陶范与范芯的制作

空首布陶钱范的制作工艺，从山西侯马和河南洛阳出土的陶范观察，陶范土质纯净，内掺有少量细砂，制成毛坯晾干后，把面、背两范合成一箱，经修整使其密合，入窑焙烧后再刻制芯座、浇槽和钱型而成的。焙烧后的陶范多呈红褐色，少数为黄褐色或青灰色，这是因为烧成温度不同所致。少数质地坚硬的陶范，烧成温度需1000℃左右。一般认为这种钱范用一次即毁弃，即所谓一钱一范。这样铸出的钱币就大小轻重各异，不适合批量生产，是一种原始的铸钱工艺。但从考古发现空首布陶范的坚硬程度来看，这种陶范首次铸钱后大多不至于损毁，完全可以多次重复使用。

范坯烧成后，刻制芯座和钱型是最重要的一道工序。空首布采用的是顶铸法，在芯座下便接着刻制布首和钱面。这样芯座就是浇口，浇槽、芯座和布首常呈漏斗状连接在一起，不易明显分开，铜液便从这里流进范腔。刻制芯座是适应固定芯头的需要，中间还要刻制长方形的卯槽。为了合范准确，面、背范的一侧还要刻上合范符号。

从山西侯马晋国铸铜遗址出土数以万计的空首布范芯来看，这种范芯都是用芯盒翻制而成的。芯头相对较大，芯身两侧多留有翻制时残留的披缝，一面有榫卯便于和芯座固定，上部有凸起的长条形芯撑。

范芯的设计既要考虑到布首壁厚的要求，还要解决固定范芯的设施及浇口部位等问题。尤其是范芯的固定是保障空首布质量的关键，处理得不好就会出现厚薄不均的"偏肉"现象，或因局部浇不到铜液而出现残次品。

一般的空心铸件如斧、铲等工具浇铸成型后范芯都要全部取出，这种范芯多采用芯头固定，即在范芯上做出比芯体稍粗或稍细的芯头，同时在范上做出相应的芯座及榫卯以固定范芯，使其不能上下移动，左右摇摆。这种芯头与范芯的大小比例要适当，芯头过小则固定不稳，过大则显得笨重。同时，还得尽量减少范芯与钱范的接触面，避免出现砂眼或影响铜液的流动。而空首布的范芯浇铸后多包在布首内不再取出，于是它的范芯就采用以芯头固定为主兼以芯撑相辅的方法。这样就得在范芯的下部做一个凸起的长形芯撑。芯撑的位置、形状和高度要预先设计好。它的高度要接近布首的壁厚，且要均匀一致，否则就会出现器壁不匀的现象。

（四）空首布铸造的模拟试验

1984—1986年，蔡运章先生等曾与洛阳博物馆文物复制专家马德东先生合作，对空首布的铸造工艺进行多次模拟试验。因空首布的柄部有长銎，钱面很薄，一般厚度都在0.5—0.7毫米，这就大大增加了铸造难度。当时，山西侯马晋国铸铜遗址出土的空首布范和范芯的详细资料尚未发表，洛阳的空首布范尚未出土。在缺乏参考资料的情况下，实验人员只得对空首布的铸造工艺进行多方面的模拟试验，取得了宝贵的实践经验。

1. 砂模、铁模和失蜡法试验均告失败

砂模：首先用砂模试验，分别采用顶铸法和侧铸法，将范芯安装在范腔内，在模型加温后注入铜液。因空首布钱面特薄，铜液仅仅浇进一点就凝固了，致使铸成的空首布币面和柄部都残缺不全。且因砂模的强度小，范芯打入时容易破裂。它的型面粗糙，也难以达到空首布币面的光滑程度。所以用砂模难以铸成空首布。

铁模：接着用铁模试铸，刻制铁模极费工夫，马德东先生用了两个多月才刻成一个空首布范模。用铁模浇铸时虽然可将模温加高到300℃—400℃，但与1250℃左右铜（合金）液的温度相比，铁模内的温度还是太低。因铜液在模内流动时降温过快，再加上铁模的透气性能差，致使铜液不能在范腔内流动自如。用这种办法虽经多次试验，也都未能成功。

失蜡法：失蜡的壳模透气性、流动性都很好，强度也大，还可以加热以避免浇注时腔内降温过快。它与前两种方法相比有很多优越性。但由于空首布钱面多薄至0.5毫米左右，且面积又大，故多次试验也没能成功。实验人员在较简陋的条件下，采用失蜡法只能铸出钱面厚在0.9毫米以上的空首布。

2. 陶范试铸取得成功。陶范的优点是强度大、耐高温、透气性好，铸造时可把范预热到700℃左右。这样，在浇铸过程中可使铜液降温变慢，容易在范腔内自由流动。采用顶铸法，使铜液从上部浇注，对腔内形成较大的压力，能瞬间充满范腔。同时，把范芯加热到800℃左右，在浇注后趁铜液温度很高时迅速注入范内。这样做可使浇槽内容纳较多的铜液，增大铜液对范腔内的压力，促使其迅速流动。这种方法要比先装入范芯后再进行浇注要好得多。这就是侯马晋国铸铜遗址所见芯座较短的钱范出土少，且在晚期被淘汰的根本原因。

从考古发现的空首布实物看，表面光滑而布首内壁粗糙，这只有陶范才能做到。空首布的范芯硬度较大，很难清理，可能是用耐火土制成的。布首内范芯的中间和外表呈两种颜色，多内红而外白，这是范芯打入时铜液温度很高的反映。空首布的柄端多不整齐，应是铸成后打掉范芯时形成的。

经过多次模拟试验后，得出结论：空首布的铸造工艺"是用陶范并采用顶铸而后打芯于型腔"生产的。这个结论得到山西侯马和河南洛阳出土空首布陶范的有力证明，由此我们可以了解空首布铸造工艺的大体状况。

（五）空首布的铸造权

蔡先生认为，空首布多出土于春秋战国时期周、晋、卫、韩境内，且在山西侯马晋都新田故城出土大批空首布的钱范和范芯，在洛阳东周王城遗址内也发现平肩弧足空首布钱范。这些空首布是谁铸造的？《侯马铸铜遗址》一书说："这些铸铜工场的所有者尚没有直接的材料可以论证"，"是传统的'工商食官'属于晋公室，是属于当时左右政局的六卿或三卿一类人物，还是属新兴的工商业者，都有待于新的发现和进一步的研究来确定"。[99]这种钱币铸造权当掌握在周王室及晋、卫、韩诸国公（侯）室的手里。

首先，从古代文献的记载看，《国语·周语下》载："景王二十一年（前524年），将铸大钱。……王弗听，卒铸大钱。"所谓"大钱"就是大型平肩弧足空首布，它是与春秋晚期出现的中型空首布相对而言的。《管子·轻重戊》说：齐桓公"令左司马伯公将白徒而铸钱于庄山"。《史记·循吏列传》说："楚庄王以为币轻，更以小为大。"这些文献说明，当时的铸钱权是掌握在周王和列国诸侯手中的。

其次，从铸钱遗址的位置看，山西侯马的铸钱遗址位于晋国晚期都城新田故城内。《左传》成公六年（前585年）载："夏四月丁丑，晋迁于新田。"从公元前585年到前376年的210年间，这里一直是晋国的都城。这处铸铜遗址规模巨大，铸造器物的种类丰富，几乎包括了当时所需的各类青铜器。它延续的时间长，包括了晋国迁都新田后的各个时期。目前在晋国境内尚未发现有类似的铸铜遗址。因此，这处铸铜工场非当时的晋国公室莫属。洛阳东周王城是春秋战国时期周王室统治之所在。在平肩弧足空首布钱范出土地的周围，有当时规模巨大的制造工场遗址。在此处北约800米的小屯村东，1955年"发现了制铜器的陶范，范上还附有炼铜渣"，还"在小屯村东南出现了一片属于战国时期的制玉、石装饰品的作坊。虽然只发掘了一部分，看情况规模是很大的"。此处南约150米处，1955年发现战国晚期的文信钱石范；其西约500米的涧河西岸，1990年发现铸造铜镞的石范。这里位于东周王城的西北部，上述现象告诉我们，这一带当是东周王室"手工业工场、作坊集居的地方"。同时，山东临淄齐国故城、河北平山灵寿故城、易县燕下都、河南新郑郑韩故城内发现的铸钱遗址，也都位于当时诸侯国的都城之内。这些铸造工场应是当时周王室和诸侯国控制的重要部门，从晋国铸铜遗址的规模和使用时间看，不是当时哪一个卿士或工商业者所能掌握的。

最后，从当时"工商食官"和"工就官府"的制度看，春秋时期的工商业还掌握在国家手里，只是到了战国以降，像吕不韦那样的富商大贾和权贵，才有可能私自铸钱。

综上所述，可以认为周、晋、卫、韩诸国铸行的空首布，当是在这些国家的王、公室统一管理下铸行的。

八、空首布的货币单位

该节内容摘自蔡运章先生的研究成果。蔡先生认为，空首布的币面上铸有"釿""郮釿""公釿""三川釿"等文字，后来的空首布上也铸有"安邑一釿""京一釿""梁一釿"等，这里的"釿"显然是这种货币的价格标度。马克思曾经指出："在金银铜成为货币之前，它们已经在它们的金属重量中，有了这种标度……货币标度或价格标度，最初都是用重量标度的原名作名称的。"可见，"釿"本是青铜的重量单位名称，大概在春秋中期前后，已经用来作为空首布的货币单位。平肩弧足、斜肩弧足、耸肩尖足三种空首布上都标有"釿"字，说明它们都是以"釿"为单位的货币。那么，春秋战国时期"一釿"的实际重量是多少？这是目前还没有完全解决的问题。

金属铸币开始铸行但尚未减重时，它的名义含量与实际含量应当是接近的。我们知道，春秋中期前后铸行的大型空首布的重量，平肩弧足空首布多为30克左右，"三川釿"布最重者达37.7克，耸肩尖足空首布重33.8克左右，因此我们推测当时"一釿"的重量当在30—37克。

"釿"作为重量名称，在战国时期的铜器铭文中屡有出现。近年来许多学者都利用这些铜器铭文和空首布的重量，试对"釿"的重量进行推算，取得了可喜的成果：

1. 汪庆正先生根据上海博物馆藏"平安君"鼎铭记载自身的重量为"五益六釿半釿四分釿"，即5益6.75釿，实测重1980克，假设一釿为35克，则：

$5X+6.75×35=1980$克

得出：一益约为348.75克，大约等于10釿。[100]

2. 李家浩先生根据楚国的"旆钱当圻"布和铜贝的铭文及重量，测算出"楚国一釿的重量在34克左右"。[101]

3. 黄盛璋先生根据陕西武功新出土的"信安君鼎"器重九益，实测重2842.5克，算出一益重315.85克；盖重二益六鉳，实测重787.5克。按上述一益的重量计算，则一鉳等于：

（787.5−315.85×2）÷6=25.97克

4. 黄盛璋先生还根据河南泌阳新出"平安君鼎"器重六益半鉳，实测重1800克；盖重一益七鉳半鉳四分鉳，实测重600克。假设X=益，Y=鉳，列出联立方程式：

$$\begin{cases} X+7\frac{3}{4}Y=600 \\ 6X+\frac{1}{2}Y=1800 \end{cases}$$

得出：X=297克，Y=39.13克。通过这些测算，他认为"益与鉳之比当为1∶10，也就是十进位"[102]，当是。

虽然上述用来实测的铜器和钱币，因为锈蚀程度不一，和古人称量时可能有误差，使今天测算出来的数值互有参差，不可能与原重量一样，但是，通过这些测算，得出的"一鉳"的重量与它的实际重量当相差不远。因此，我们再将上面测出"一鉳"的重量34.88克、31.59克、25.97克和39.13克进行平均，可得出"一鉳"的重量约为33克。"一鉳"的这个数值，约等于当时的二两。这样，一益约等于十鉳，即二十两。古文献中一益之重有"二十两"和"二十四两"两种说法，由此可见，当以"二十两"之说为是。我们知道，春秋战国时期"一斤"重250克，一斤为16两，一两重约15.6克。因此，当时的"一鉳"重当为15.6×2=31.2克左右。[103]

值得注意的是，空首布同其他金属铸币一样，在长期的流通过程中逐渐减重，它所标的名目跟它的实际重量渐渐脱离。因此，到战国中期它的重量已由春秋中期的30—37克，减轻为12—15克。但是，这时"一鉳"的重量与春秋时相比并没有多大变化。从"平安君鼎""信安君鼎"及"斾钱当坼"空首布测得"一鉳"的重量与从春秋中期前后的空首布测得"一鉳"的重量大体相当，可以得到证明。因此，有人认为当时"一鉳"的重量等于一两，为12.5克，是缺乏根据的。

必须指出的是，周王畿内铸行的"市南小匕"等空首布"匕"，不是这种货币的单位。匕，或释作"货"。货，《说文·贝部》谓"财也"。钱，《玉篇》亦谓"财也"。由此可见，"货"与"钱"的含义相近，"小匕"就是小钱的意思。因此，我们认为"市南小匕"等空首布，仍然是以"鉳"为单位的货币。

注释：

[1] [80] 王毓铨.中国古代货币的起源和发展[M].北京：科学出版社，1957：27.

[2] 王献唐.中国货币通考[M].济南：齐鲁书社，1979：113.

[3] [4] 陈振中.殷周的钱镈——青铜铲和锄[J].考古，1982（3）.

[5] [10] [11] [93] 蔡运章.洛阳附近出土的三批空首布[J].考古，1974（1）.

[6] 中国社会科学院考古研究所.洛阳发掘报告[M].北京：北京燕山出版社，1989：136，165.

[7] 中国社会科学院考古研究所.洛阳中州路[M].北京：科学出版社，1957：26，28，152.

[8] [19] [29] [30] [34] [35] [36] [76] 余扶危，赵振华.洛阳发现随葬空首布的东周墓葬[J].考古，1987（8）.

[9] 蔡运章，侯鸿军.洛阳附近出土的两批东周货币[J].中原文物，1981（3）.

[12] 陆松麟.中小空首布的发现[J].中国钱币，1984（2）.

[13] [14] [18] [23] [26] [27] [31] [33] [37] [39] [40] [42] [43] [44] [45] 蔡运章，李运兴，赵振华等.洛阳钱币发现与研究[M].北京，中华书局，1998：25，28，26.

[15] [16] [95] 任常中，赵新来.河南临汝出土一批空首布[J].中原文物，1982（2）.

[17] 洛阳博物馆.洛阳战国粮仓试掘记略[J].文物，1981（11）.

[20] 张剑，余扶危.建国以来洛阳出土钱币概述[J].洛阳钱币，1988（1）.

[21] 洛阳市文物工作队.洛阳出土的两批空首布[J].文物资料丛刊，1987（9）.

[22] [28] 赵安杰，张怀银.河南宜阳花庄村出土一批空首布[J].文物，1986（10）.

[24] 陈宏焱.河南汝州出土的空首布[J].中国钱币，1996（2）.

[25] [94] 邢建洛，梁锋.洛阳聂湾发现东周空首布[J].考古与文物，1999（3）.

[32] 米士诚.临汝县雷湾村出土东周空首布[J].文物，1990（7）.

[38] [96] 李红，岳梅.洛阳小屯村发现东周空首布[J].文物，1998（12）.

[41] 朱华.山西省稷山县发现空首布[J].中国钱币，1997（2）.

[46] 吴良宝.中国东周时期金属货币研究[M].北京：社会科学文献出版社，2005：46.

[47] 河南省文物考古研究所.新郑监狱春秋遗址发掘简报[J].中国钱币，2012（4）.

[48] 樊温泉.郑韩故城发现东周钱窖[J].中国钱币，2006（2）.

[49] 刘余力.洛阳新发现一批大型空首布及相关问题[J].华夏考古，2010（1）.

[50] 成燕.正观新闻[N].2021-08-08.

[51] 王毓铨.中国古代货币的起源和发展[M].北京：科学出版社，1957：20-21.

[52] 郑家相.中国古代货币发展史[M].上海：上海三联出版社，1958：32.

[53] 吴良宝.中国东周时期金属货币研究[M].北京：社会科学文献出版社，2005：27.

[54] 吴建国.山西寿阳县上湖村出土的东周货币[J].考古，1996（3）.

[55] 王金平，范文澜.山西新绛、侯马发现空首布[J].中国钱币，1995（2）.

[56] 赵云峰.山西曲沃县出土的春秋布币[J].中国钱币，1996（2）.

[57] 吴良宝.中国东周时期金属货币研究[M].北京：社会科学文献出版社，2005：29.

[58] 马俊才.新郑郑韩故城出土的东周钱范[M].中国钱币论文集（第四辑）.北京：中国金融出版社，2002：79-80.

[59] 蔡运章.洛阳钱币发现与研究[M].北京：中华书局，1998：31.

[60] 朱活.古钱新探[M].济南：齐鲁书社，1984：24.

[61] 曹锦炎.读中国历代货币大系先秦卷札记[J].中国钱币，1992（2）.

[62] 吴良宝.中国东周时期金属货币研究[M].北京：社会科学文献出版社，2005：32.

[63][64][65][66][67] 蔡运章.洛阳钱币发现与研究[M].北京：中华书局，1998：30.

[68][69][70] 吴良宝.中国东周时期金属货币研究[M].北京：社会科学文献出版社，2005：49.

[71] 马俊才.新郑郑韩故城出土的东周钱范[M].中国钱币论文集（第四辑）.北京：中国金融出版社，2002：79.

[72][73][75][84][91][92] 蔡运章，李运兴，赵振华等.洛阳钱币发现与研究[M].北京：中华书局，1998：24，25，38，39.

[74] 山西省考古研究所.侯马铸铜遗址[M].北京：文物出版社，1993：490.

[77][79] 吴良宝.中国东周时期金属货币研究[M].北京：社会科学文献出版社，2005：50.

[78] 洛阳市文物工作队.洛阳东周王城内春秋车马坑发掘简报[J].考古与文物，2003（4）.

[81][87][88] 郑家相.中国古代货币发展史[M].上海：上海三联出版社，1958：42，50，54.

[82] 王献唐.中国货币通考[M].济南：齐鲁书社，1979：291.

[83][89] 彭信威.中国货币史[M].上海：上海人民出版社，1965：32，33.

[85] 杨宽.战国史[M].上海：上海人民出版社，1981：264.

[86][90] 王毓铨.中国古代货币的起源和发展[M].北京：科学出版社，1957：47，45.

[97] 曹锦炎.先秦货币铭文的若干问题[J].钱币，1992（2）.

[98] 山西省考古研究所.侯马铸铜遗址[M].北京：文物出版社，1993：452.

[99] 汪庆正.十五年以来古代货币资料的发现和研究中的若干问题[J].文物，1965（1）.

[100] 李家浩.试论战国时期楚国货币[J].考古，1973（3）.

[101] 黄盛璋.新出信安君鼎、平安君鼎的国别年代与有关制度问题[J].考古与文物，1982（2）.

[102] 蔡运章.论商周时期的金属货币[J].中原文物，1987（3）.

第四章
丰阳村空首布的
分类解读

一、空首布的特征及类型

　　三门峡丰阳村发现的这批空首布属于大型平肩弧足空首布，它们的共同特征是币型一致，币体较大。币身为长銎，平肩，弧足，弧裆。币身四周有郭，币的正面和背面均有三道凸起的平行竖纹。竖纹分两种：一种三条竖纹基本等长，中间竖纹上端延至銎部，下端显得稍短；另一种中部竖纹大致为两侧竖纹长度的一半。币通长8.8—10厘米，身长5.4—6.1厘米，肩宽4.1—5.1厘米，足宽4.5—5.2厘米。銎部宽1.5—2.2厘米，厚1.1—1.6厘米。銎内多带范土，极少数銎的横截面上有"一""十"和"米"字形纹，其用意不明。整币的重量在22—36.5克，币的重量主要取决于币身的大小和銎内范土存留的多少。

　　这批空首布数量多，类型丰富，制作精良，保存较好。据统计，总数为504枚，其中完整的有434枚，残币70枚。多数铸有币文，币文均在币的正面（我们把铸有文字的称为正面），未发现两面均有币文的。币文种类多，内容丰富，字体有甲骨文和金文，同一个字往往有多种不同的写法。币文多为一个字，两个字的有"安阳""丘人"等三种，另有"二十""二千""五十八""八十一"等四种数字类合文。内容有数字、干支、地名、名物等类。据统计，504枚币中，铸有币文的达452枚，约占总数的90%，币文多达93种。其中已识别的达75种，未识待考的18种，下面按币文分类予以解读。

二、空首布的分类解读

（一）纪数字类

纪数字在以往发现的平肩弧足空首布中较为常见，该窖藏发现的空首布有"二""五""六""七""八"共五种 28 枚。

"二"字布，1枚。

标本50-1。币文位于币面右上侧，字形与《先秦货币文字编》（下文简称为《字编》）第192页"先秦编45"平肩弧足空首布相似。通长9.7厘米，身长5.8厘米，肩宽4.8厘米，足宽5厘米。銎部宽1.7—2厘米，厚1.4厘米，重29.4克。（图一）

"五"字布，3枚，残1枚。

标本56-1。币文位于币面左侧中部，左侧币足稍残，字形与《字编》第218页"货系2805"针首刀币文相似。通长9.2厘米，身长5.3厘米，肩宽4厘米，足部残宽4.4厘米。銎部宽1.5—1.8厘米，厚1.3厘米，重21.7克。（图二）

"六"字布，13枚，残1枚。

标本9-1。币文位于币面左侧中部，字形与《字编》第219页"货系78"平肩弧足空首布字形相同。通长9.8厘米，身长5.5厘米，肩宽4.3厘米，足宽4.6厘米。銎部宽1.5—1.9厘米，厚1.5厘米，重23.7克。（图三）

"八"字布，7枚，残1枚。

依币文位置和字形不同可分三式。

Ⅰ式，标本28-1。币文位于币面左侧中部，字形较小。通长9.6厘米，身长6厘米，肩宽5厘米，足宽5.1厘米。銎部宽1.7—2.2厘米，厚1.3厘米，重25.6克。（图四）

Ⅱ式，标本28-2。币文位于币面左侧中部，字形较大。通长9.2厘米，身长5.5厘米，肩宽5厘米，足宽5.5厘米。銎部宽1.6—2厘米，厚1.4厘米，重29.4克。（图五）

Ⅲ式，标本28-3。币文位于币面左侧上部，币身整体较小，是这批货币中通长小于9厘米的三枚之一，币左肩稍残。通长8.9厘米，身长5.2厘米，肩宽4.1厘米，足宽4.5厘米。銎部宽1.6—2.6厘米，厚1.4厘米，重21.2克。（图六）

"七"字布，4枚，残1枚。

依币文位置和字形不同可分二式。

Ⅰ式，标本13-1。币文位于币面左侧中部，字形与《字编》第221页"先秦编354"耸肩尖足小布的"七"字相同，与"货系659"耸肩尖足空首布的"七"字相似。通长9.5厘米，身长5.6厘米，肩宽4.4厘米，足宽4.8厘米。銎部宽1.5—1.9厘米，厚1.3厘米，重22.4克。（图七）

Ⅱ式，标本13-2。币文位于币面右侧中部，字形与《字编》第221页"货系758"耸肩尖足小布的"七"字，以及"先秦编49"平肩弧足空首布的"七"字相似。通长9.6厘米，身长5.8厘米，肩宽4.7厘米，足宽5厘米。銎部宽1.8—2.1厘米，厚1.4厘米，重28克。（图八）

（二）纪干支类

纪干支在平肩弧足空首布币文中也较为常见。这批空首布中发现的有"戊""壬""丙""己""丑"共五种7枚。

"戊"字布，1枚。

标本6-5。币文位于币面左侧中部，"戊"字与《睡虎地秦简文字编》第217页"睡·日乙119"之"戊"字相似。与《古文字类编》第695页"包山041"之"戊"字相近。通长9.5厘米，身长5.8厘米，肩宽4.9厘米，足宽5.1厘米。銎部宽1.8—2.1厘米，厚1.1厘米，重29.1克。（图九）

"壬"字布，1枚。

标本12-2。币文位于币面右侧中部，字形字体与《字编》第230页"先秦编596"小直刀的"壬"字相同。通长9.5厘米，身长6.1厘米，肩宽4.9厘米，足宽5.1厘米。銎部宽1.6—2厘米，

厚1.1厘米，重29.4克。（图十）

"丙"字布，2枚。

依字形不同可分二式。

Ⅰ式，标本18-1。币文位于币面左侧上部，字形与《字编》第226页"货系106"平肩弧足空首布相同。通长9.8厘米，身长6厘米，肩宽5厘米，足宽5.2厘米。銎部宽1.7—2.1厘米，厚1.3厘米，重36.2克。（图十一）

Ⅱ式，标本18-2。币文位于币面左侧上部，字形与《字编》第226页"先秦编83"平肩弧足空首布相同。通长9.5厘米，身长5.9厘米，肩宽5厘米，足宽5.1厘米。銎部宽1.7—2.2厘米，厚1.2厘米，重31.7克。（图十二）

"己"字布，2枚。

依币文位置和字形不同可分二式。

Ⅰ式，标本22-1。币文位于币面右侧中部，字形类今之"己"字，与《字编》第228页"货系110"平肩弧足空首布币文相同。通长9.8厘米，身长5.8厘米，肩宽5厘米，足宽5.2厘米。銎部宽1.7—2.2厘米，厚1.4厘米，重33.5克。（图十三）

Ⅱ式，标本22-2。币文位于币面左侧中部，与《字编》第226页"货系111"平肩弧足空首布相同，字形为"己"之反写。通长9.7厘米，身长6厘米，肩宽4.9厘米，足宽5.1厘米。銎部宽1.7—2.2厘米，厚1.2厘米，重33.7克。（图十四）

"丑"字布，1枚。

标本30-1，币文位于币面右侧中部。此字异议较多，黄锡全《先秦货币研究》中释作"虫"[1]；丁福保《历代古钱图说》释作"七"[2]；吴良宝《先秦货币文字编》中列为待考[3]；任常中、赵新来《河南临汝出土一批空首布》中释为"丑"[4]；蔡运章、侯鸿军《洛阳附近出土的两批东周货币》中亦释为"丑"，且有解释："金文作册大鼎、同簋铭中的丑字都与此字相同，可资佐证。"[5]综合考量，我们倾向于释作"丑"。通长9.7厘米，身长6厘米，肩宽4.9厘米，足宽5.1厘米。銎部宽1.7—2.1厘米，厚1.4厘米，重31.2克。（图十五）

（三）纪地名类

纪地名类是空首布中出现最多的一类币文，不仅平肩弧足空首布中比较常见，在耸肩尖足空首布和斜肩弧足空首布中也是常见币文。这批空首布中共发现纪地名类币文27种，计226枚。

"土"字布，94枚，残23枚。

"土"字布是这批空首布中数量最多的一种。"土"为地名，即践土，郑邑。《春秋·僖公二十八年》：宋僖公会诸侯"盟于践土"。杜宇注曰："践土，郑地。"在今河南荥阳境内。[6]

在《三门峡市陕州区春秋空首布窖藏整理简报》（下文简称为《空首布简报》）中我们未能将"土"和"士"区分开来，在本书中，我们将原来的"土"字辨识区分为"土""士"和"二十"合文三种不同的币文。从先秦古文字的特征看，"土"和"士"的区别主要有两点：一是"土"字两横笔间距较大，而"士"字两横笔间距较小。二是"土"字的两横笔上短下长，而"士"字的两横笔一般等长。依币文位置和字形不同可分为四式。

Ⅰ式，标本1-6。币文位于币面左侧中部，"土"字两横笔间距较大，下笔稍短，竖笔较长。通长9厘米，身长5.1厘米，肩宽4.6厘米，足宽4.8厘米。銎部宽1.6—2厘米，厚1.4厘米，重23.2克。（图十六）

Ⅱ式，标本1-7。币文位于币面左侧上部，字形与标本1-6相同。通长9.7厘米，身长5.8厘米，肩宽4.7厘米，足宽5厘米。銎部宽1.8—2.3厘米，厚1.5厘米，重26.3克。（图十七）

Ⅲ式，标本1-8。币文位于币面右侧上部，"土"字为倒写，竖笔略短。通长9.6厘米，身长6厘米，肩宽5厘米，足宽5.1厘米。銎部宽1.7—2.2厘米，厚1.3厘米，重36.5克。（图十八）

Ⅳ式，标本1-9。币文位于币面左侧中部，"土"字为倒写，两横笔距离较宽，竖笔较长。通长9.2厘米，身长5厘米，肩宽4.5厘米，足宽4.7厘米。銎部宽1.5—2厘米，厚1.4厘米，重22克。（图十九）

"智"字布，23枚，残2枚。

"智"系地名。智，晋邑，在今山西临猗县和永济市之间。[7]黄锡全先生《先秦货币研究》认为，智，"晋邑，在虞乡西北"[8]。"智"字写法较多，字的整体结构相同，笔画各有增减，币文位置也有不同。依币文位置和字形不同分为八式。

Ⅰ式，标本2-1。币文位于币面左上侧，"智"字为金文，字形较大，笔画较多，与《字编》第47页所列标本"货系382"平肩弧足空首布相同。通长9.9厘米，身长5.9厘米，肩宽4.9厘米，足宽5厘米。銎部宽1.7—2.1厘米，厚1.3厘米，重34.7克。（图二十）

Ⅱ式，标本2-2。币文位于币面左侧中部，"智"字为金文，较样本2-1字形略小，笔画有删减，与《字编》第47页所列标本"货系379"平肩弧足空首布相同。通长9.5厘米，身长6厘米，肩

宽4.9厘米，足宽5.1厘米。銎部宽1.6—2厘米，厚1.1厘米，重29.4克。（图二十一）

Ⅲ式，标本2-3。币文位于币面左侧中部，"智"字为金文，字形较小，结构与前两字相同。与《字编》第47页所列标本"货系383"平肩弧足空首布相同。通长9.9厘米，身长6厘米，肩宽4.9厘米，足宽5.1厘米。銎部宽1.6—2.2厘米，厚1.3厘米，重32.9克。（图二十二）

Ⅳ式，标本31-1。币文位于币面右侧上部，"智"字为金文，字形较大，笔画有删减。通长9.3厘米，身长5.7厘米，肩宽4.7厘米，足宽4.8厘米。銎部宽1.7—2.1厘米，厚1.4厘米，重26.7克。（图二十三）

Ⅴ式，标本67-1。币文位于币面右侧上部，"智"字为金文，上下结构，笔画有删减，与《字编》第47页所列标本"货系383"平肩弧足空首布相近。通长9.5厘米，身长6厘米，肩宽5.8厘米，足宽4.8厘米。銎部宽1.6—2厘米，厚1.3厘米，重28.6克。（图二十四）

Ⅵ式，标本75-1。币文位于币面右侧中部，"智"字为金文，与标本31-1字体相同，笔画有删减。通长9.7厘米，身长5.9厘米，肩宽5.1厘米，足宽4.7厘米。銎部宽1.7—2.1厘米，厚1.4厘米，重29.5克。（图二十五）

Ⅶ式，标本76-1。币文位于币面右侧上部，"智"字为金文，与标本31-1字形相同。通长9.2厘米，身长5.6厘米，肩宽5厘米，足宽4.7厘米。銎部宽1.5—1.8厘米，厚1.4厘米，重24.8克。（图二十六）

Ⅷ式，标本残11-1。币文位于币面右侧上部，金文，与标本31-1、76-1字形相同，笔画有删减。残长5.5厘米，肩宽4.8厘米，足宽4.4厘米，残重8.7克。（图二十七）

"羊"字布，8枚，残1枚。

羊，即羊角，《左传·襄公二十六年》："袭卫羊角。"卫邑，在今河南范县南。[9]依币文位置和字形不同分为三式。

Ⅰ式，标本3-1。币文位于币面右侧中部，"羊"字为金文，字形上大下小，与《字编》第50页所列"天津7"平肩弧足空首布字形相近。通长9.5厘米，身长5.8厘米，肩宽4.9厘米，足宽5.1厘米。銎部宽1.6—2厘米，厚1.2厘米，重28.9克。（图二十八）

Ⅱ式，标本3-2。币文位于币面右侧上部，"羊"字为金文，字形较长，与《字编》第50页所列"先秦编111"平肩弧足空首布字形相近。通长9.6厘米，身长6厘米，肩宽5.1厘米，足宽5.2厘米。銎部宽1.8—2.3厘米，厚1.1厘米，重32.8克。（图二十九）

Ⅲ式，标本3-3。币文位于币面左侧中部，"羊"字为金文，字形与《古文字类编》第883页所列标本西周早期"叔德簋"铭文的"羊"字相似。通长9.2厘米，身长5.8厘米，肩宽4.7厘米，足宽5厘米。銎部宽1.7—2.1厘米，厚1.5厘米，重24克。（图三十）

"高"字布，12枚。

高，即高氏，郑邑，在今河南禹州市西南。[10]依币文位置和字形不同分为四式。

Ⅰ式，标本4-1。币文位于币面左侧中部，"高"字与《字编》第80页所列"货系398"平肩弧足空首布字形相同。通长9.7厘米，身长6厘米，肩宽5厘米，足宽5.2厘米。銎部宽1.7—2.2厘米，厚1.4厘米，重32.7克。（图三十一）

Ⅱ式，标本4-2。币文位于币面左侧上部，"高"字与《字编》第80页所列"铁云224"平肩弧足空首布字形相同。通长9.4厘米，身长5.8厘米，肩宽4.8厘米，足宽5厘米。銎部宽1.7—2.2厘米，厚1.3厘米，重28克。（图三十二）

Ⅲ式，标本4-3。币文位于币面右侧中部，"高"字为甲骨文，与前两字结构笔画相同，字行略异。通长9.7厘米，身长6厘米，肩宽4.6厘米，足宽5厘米。銎部宽1.7—2.3厘米，厚1.5厘米，重25.6克。（图三十三）

Ⅳ式，标本26-2。币文位于币面右侧中部，字迹不甚清晰，经仔细辨认当为"高"字，与《字编》第80页所列"货系397"平肩弧足空首布的"高"字相近。通长9.6厘米，身长5.9厘米，肩宽4.9厘米，足宽5.2厘米。銎部宽1.8—2.3厘米，厚1.6厘米，重31.9克。（图三十四）

"古"字布，10枚，残2。

"古"为姑之省文，即姑莸，周邑。[11]依币文位置和字形不同分为三式。

Ⅰ式，标本5-2。币文位于币面左侧中部，"古"字为金文，与《字编》第36页所列"铁云154"平肩弧足空首布及《古文字类编》第95页"战国中山王壶铭文"之"古"相近。通长9.5厘米，身长5.9厘米，肩宽4.7厘米，足宽5.2厘米。銎部宽1.8—2.1厘米，厚1.4厘米，重32克。（图三十五）

Ⅱ式，标本5-3。币文位于币面右侧中部，"古"字为金文，与《字编》第36页所列"货系453"平肩弧足空首布相近。通长9.1厘米，身长5.5厘米，肩宽4.7厘米，足宽4.8厘米。銎部宽1.6—2厘米，厚1.3厘米，重22克。（图三十六）

Ⅲ式，标本36-1。币文位于币面左侧中部，为"古"字之倒写，与《字编》第36页所列"先秦编84"平肩弧足空首布相类。通长9.2厘米，身长5.4厘米，肩宽4.5厘米，足宽4.1厘米。銎部宽1.4—1.8厘米，厚1.4厘米，重24.4克。（图三十七）

"我"字布，2枚。

我，即鄂，周邑，在今河南沁阳。[12]

标本6-6，币文位于币面左上中部，"我"字为金文，字形与《字编》第187页所列"货系450"平肩弧足空首布的"我"相同。通长9.7厘米，身长5.9厘米，肩宽5厘米，足宽5.1厘米。銎部宽1.8—2.2厘米，厚1.3厘米，重35.3克。（图版三十八）

"为"字布，2枚。

为，地名，在今孟津县东北。《左传·隐公十一年》："王取邬、刘、为、邘之田于郑。"[13]

标本34-1，币文位于币面左侧中部，《空首布简报》释为"勾"，不过此字与《字编》第41页标本"货系536"平肩弧足空首布的币文相同，同"货系535"平肩弧足空首布的币文相近，当释作"为"。通长9.6厘米，身长5.8厘米，肩宽5厘米，足宽5厘米。銎部宽1.6—2.1厘米，厚1.1厘米，重31.9克。（图三十九）

"成"字布，14枚。

成，地名。黄锡全《先秦货币研究》中认为"成"属周邑，在今河南偃师西南部。[14]任常中、赵新来在《河南临汝出土一批空首布》中认为"成"系鲁邑，在今山东泰安与宁阳之间，《春秋·桓公六年》："公会纪侯于成。"[15]丁福保《历代古钱图说》释：成，鲁地。[16]"春秋六年夏四月公会纪侯于成。"吴良宝《中国东周时期金属货币研究》认为，"成"为周邑[17]。《战国策》："韩兵入西周，西周令成君辨说秦求救。"程恩泽《国策地名考》："《急就篇》注，成者，周之采地，卿士所食，成肃公、简公、桓公是也，故称成氏焉。"我们认为这里的"成"属周王畿，地在今偃师境内。依币文位置和字形不同分为四式。

Ⅰ式，标本8-1。币文位于币面左侧中部，"成"字为金文，与《字编》第226页所列"铁云217"平肩弧足空首布币文相同。通长9.8厘米，身长5.7厘米，肩宽4.8厘米，足宽5厘米。銎部宽1.2—2厘米，厚1.5厘米，重26.7克。（图四十）

Ⅱ式，标本8-2。币文位于币面左侧中部，与《字编》第226页"铁云218"平肩弧足空首布币文相似。通长9.7厘米，身长6厘米，肩宽4.9厘米，足宽5厘米。銎部宽1.5—2.3厘米，厚1.3厘米，重29克。（图四十一）

Ⅲ式，标本8-3。币文位于币面右侧中部，字迹不甚清晰，字形与《字编》第226页"铁云218"平肩弧足空首布币文相似。通长9.6厘米，身长5.7厘米，肩宽4.6厘米，足宽4.8厘米。銎部宽1.6—2厘米，厚1.5厘米，重27.1克。（图四十二）

Ⅳ式，标本72-1。币文位于币面左侧上部，金文，字形与《字编》第226页"货系177"平肩弧足空首布币文相同。通长9.6厘米，身长5.9厘米，肩宽4.8厘米，足宽5.1厘米。銎部宽1.6—2厘米，厚1.2厘米，重27克。（图四十三）

"室"字布，7枚。

室即太室，地名，属周王畿。[18]依币文位置和字形不同分三式。

Ⅰ式，标本11-1。币文位于币面右侧中部，字形与《字编》第126页"先秦编141"平肩弧足空首布相同。通长9.7厘米，身长5.9厘米，肩宽5厘米，足宽5.1厘米。銎部宽1.7—2厘米，厚1.3厘米，重37克。（图四十四）

Ⅱ式，标本11-2。币文位于币面左侧上部，字形与《字编》第126页"货系220"平肩弧足空首布相同。通长9.7厘米，身长6厘米，肩宽4.9厘米，足宽5.1厘米。銎部宽1.5—2.2厘米，厚1.2厘米，重32.3克。（图四十五）

Ⅲ式，标本11-3。币文位于币面左侧上部，字形与《字编》第126页"货系219"平肩弧足空首布相同。通长9.6厘米，身长5.7厘米，肩宽4.6厘米，足宽4.8厘米。銎部宽1.6—2厘米，厚1.5厘米，重26.8克。（图四十六）

"王"字布，7枚，残2枚。

王，地名。有两种解释：一为王城，周王所都，在今河南洛阳。[19]《春秋·昭公二十二年》："刘子、单子以王猛入于王城。"二为晋邑，在今河南沁阳境内。[20]《左传·宣公十七年》："晋人执晏弱于野王。"　我们认为这里的"王"当属周王城。

标本12-1，币文位于币面右侧中部，字形较长，与《字编》第6页"先秦编445"尖首刀币文"王"字相同。通长9.5厘米，身长5.9厘米，肩宽4.8厘米，足宽5厘米。銎部宽1.7—2厘米，厚1.2厘米，重28.8克。（图四十七）

"宋"字布，4枚，残1枚。

宋，宋邑，在今河南商丘境。[21]

标本17-1，币文位于币面右上部，币文与《字编》第133页"货系369"平肩弧足空首布及"钱典665"平肩弧足空首布相同。通长9.5厘米，身长6.1厘米，肩宽4.6厘米，足宽5.2厘米。銎部宽1.6—2厘米，厚1.2厘米，重24.9克。（图四十八）

"鬲"字布，13枚。

鬲，即"歷""栎"，地名。《左传·桓公十五年》："秋，郑伯因栎人而杀檀伯，而遂居栎。"地在今河南禹州。[22]依币文位置和字形不同可分四式。

Ⅰ式，标本21-1。币文位于币面左侧上部，字形与《字编》第40页"货系328"平肩弧足空首布币文相同。通长9.4厘米，身长5.8厘米，肩宽5厘米，足宽5.1厘米。銎部宽1.7—2.1厘米，厚1.1厘米，重28.4克。（图四十九）

Ⅱ式，标本21-2。币文位于币面左侧上部，字形与《字编》第40页"货系332"平肩弧足空首布币文相同。通长9.7厘米，身长6厘米，肩宽5厘米，足宽5.2厘米。銎部宽1.7—2.2厘米，厚1.3厘米，重33.3克。（图五十）

Ⅲ式，标本21-3。币文位于币面右侧上部，字形与《字编》第40页"货系328"平肩弧足空首布币文相近。通长9.5厘米，身长6厘米，肩宽4.5厘米，足宽5厘米。銎部宽1.7—2.2厘米，厚1.5厘米，重27.2克。（图五十一）

Ⅳ式，标本68-1。币文位于币面左侧上部，字形与《字编》第41页"先秦编149"平肩弧足空首布相似；与《古文字类编》第1388页"货系0333"平肩弧足空首布相近；与《洛阳聂湾发现东周空首布》中的标本11相同[23]，故当释为"鬲"。此"鬲"字写法属黄锡全先生在《先秦货币研究》币文辨识中所说的"形体减省中的省单笔复笔"[24]。通长9.5厘米，身长6厘米，肩宽4.9厘米，足宽5.2厘米。銎部宽1.7—2厘米，厚1.2厘米，重29.2克。（图五十二）

"束"字布，1枚。

束，即棘，地名。在今河南延津或长葛。[25]

标本23-2，币文位于币面左侧上部，字形与《字编》第123页"货系126"平肩弧足空首布相同。通长9.7厘米，身长5.9厘米，肩宽5厘米，足宽5.2厘米。銎部宽1.7—2.2厘米，厚1.3厘米，重32.3克。（图五十三）

"是"字布，5枚。

"是"为堤之省文，即堤上。周邑，在今洛阳西南。[26]依币文字形不同可分二式。

Ⅰ式，标本25-1。币文位于币面左侧上部，上下结构，字形与《先秦货币文字编》第30页"货系412"平肩弧足空首布相同。通长9.7厘米，身长6厘米，肩宽4.9厘米，足宽5.2厘米。銎部宽1.7—2.2厘米，厚1.3厘米，重32.4克。（图五十四）

Ⅱ式，标本25-2。币文位于币面左侧上部，上下结构，与《先秦货币文字编》第30页"货系413"平肩弧足空首布币文相同。通长9.5厘米，身长5.8厘米，肩宽4.9厘米，足宽5.1厘米。銎部宽1.7—2.3厘米，厚1.3厘米，重29.8克。（图五十五）

"商"字布，2枚。

商，地名，商丘，春秋时为宋都，在今河南商丘睢阳区。[27]

币文位于币面右侧上部，上下结构，字形较大。此字一般都释作"商"，如丁福保《历代古钱图说》，蔡运章、侯鸿军的《洛阳附近出土的两批东周货币》，任常中、赵新来《河南临汝出土一批空首布》，邢建洛、梁峰《洛阳聂湾发现东周空首布》，黄锡全《先秦货币研究》等。但也有不同意见，如吴良宝的《先秦货币文字编》第26页"先秦编154"平肩弧足空首布，以及高明的《古文字类编》中将其释为"啻"。

标本26-1，通长9.5厘米，身长5.8厘米，肩宽4.9厘米，足宽5.1厘米。銎部宽1.7—2.2厘米，厚1.3厘米，重29.8克。（图五十六）

"佚"字布，1枚。

侯，即侯氏，地名，属周室，在今河南偃师市缑氏镇。[28]

标本29-1。币文位于币面右侧上部，任常中、赵新来《河南临汝出土一批空首布》中释为"侯"；吴良宝《先秦货币文字编》第80页"货系212"平肩弧足空首布释作"佚"，此两字古代通用，实为同一个字。通长9.6厘米，身长5.9厘米，肩宽5厘米，足宽5.2厘米。銎部宽1.7—2.3厘米，厚1.3厘米，重33克。（图五十七）

"戈"字布，1枚。

戈，国名，在郑宋之间。[29]

标本33-2。币文位于币面右侧上部，币文与《字编》第185页"货系447"平肩弧足空首布币文相近，与《古文字类编》第691页战国"郭店唐虞简"的"戈"相似。通长9.3厘米，身长5.8厘米，肩宽4.8厘米，足宽4.9厘米。銎部宽1.6—1.9厘米，厚1.2厘米，重27.4克。（图五十八）

"公"字布，1枚。

公，周邑，在今河南沁阳境内。[30]

标本39-1，币文位于币面左侧上部，币文与《字编》第19页"齐币356"齐名刀相似，与"货系204"平肩弧足空首布相近。通长9.2厘米，身长6厘米，肩宽4.9厘米，足宽5.1厘米。銎部宽1.6—2.1厘米，厚1.2厘米，重26.5克。（图五十九）

"合"字布，3枚。

合，地名，在今河南沁阳境。[31]依币文位置和字形不同可分二式。

Ⅰ式，标本39-2。币文位于币面左侧上部，币文与《字编》第28页"货系206"平肩弧足空首布相似，笔画少一笔，为"分"的省变体，在古文字中常见。通长9.6厘米，身长5.9厘米，肩宽4.9厘米，足宽5.2厘米。銎部宽1.7—2.2厘米，厚1.3厘米，重35.1克。（图六十）

Ⅱ式，标本39-3。币文位于币面右侧上部，币文与《字编》第28页"货系206"平肩弧足空首布相似。通长10厘米，身长5.9厘米，肩宽4.8厘米，足宽5.1厘米。銎部宽1.7—2.2厘米，厚1.4厘米，重34.5克。（图六十一）

"武"字布，1枚。

武，即武父，郑邑，在今山东东明县西南。[32]

标本41-1。币文位于币面左侧上部，"武"为金文，字形与《字编》第185页"先秦编124"平肩弧足空首布相似。通长9.8厘米，身长5.9厘米，肩宽5厘米，足宽5.2厘米。銎部宽1.7—2.3厘米，厚1.4厘米，重35.6克。（图六十二）

"嗌"字布，5枚。

嗌，即隘，地名，晋邑，在今山西曲沃西南或灵丘东南。[33]依币文位置和字形不同可分三式。

Ⅰ式，标本46-1。币文位于币面左侧上部，"嗌"为金文，与《字编》第23页"先秦编472"平肩弧足空首布相近。通长9.6厘米，身长5.9厘米，肩宽4.9厘米，足宽5厘米。銎部宽1.6—2.1厘米，厚1.2厘米，重30.8克。（图六十三）

Ⅱ式，标本46-2。币文位于币面右侧中部，"嗌"为金文，与《字编》第23页"货系472"平肩弧足空首布相近。通长9.3厘米，身长5.8厘米，肩宽4.9厘米，足宽5.1厘米。銎部宽1.7—2.1厘米，厚1.2厘米，重33.3克。（图六十四）

Ⅲ式，标本46-3。币文位于币面右侧中部，"嗌"为金文，与《字编》第23页"先秦编146"平肩弧足空首布相近。通长9.2厘米，身长5.7厘米，肩宽4.7厘米，足宽5厘米。銎部宽1.6—2厘米，厚1.4厘米，重31克。（图六十五）

"留"字布，3枚。

留，即刘。地名，周邑，位于今河南偃师缑氏镇东南。《诗经·王风·丘中有麻》"彼留子嗟"。《汉书·地理志》："河南郡，缑氏，刘聚，周大夫刘子邑。"地在今河南偃师市。[34]

标本47-1，币文位于币面右侧上部，"留"为金文，与《字编》第201页"货系484"平肩弧足空首布相同。通长9.2厘米，身长6.1厘米，肩宽5厘米，足宽5.2厘米。銎部宽1.6—2.1厘米，厚1.3厘米，重31克。（图六十六）

"京"字布，2枚。

京，地名，当指王畿内的京邑，在今洛阳市伊川县西北。[35]《左传·昭公二十二年》载："子朝奔京。丙寅伐之，京人奔山。"江慎修曰："隐元年之京，在荥阳，为郑邑。此京邑近前城，在伊水之南，洛阳之西南也。"依币文位置和字形不同可分二式。

Ⅰ式，标本49-1。币文位于币面右侧上部，甲骨文，字形与《字编》第83页"货系389"平肩弧足空首布币文相同。通长9.8厘米，身长6厘米，肩宽5厘米，足宽5.1厘米。銎部宽1.6—2厘米，厚1.4厘米，重33.4克。（图六十七）

Ⅱ式，标本49-2。币文位于币面左侧上部，甲骨文，字形与《字编》第83页"钱典787"平肩弧足空首布币文相同。通长9.9厘米，身长6厘米，肩宽4.9厘米，足宽5.1厘米。銎部宽1.7—2.1厘米，厚1.3厘米，重36.2克。（图六十八）

"于"字布，1枚。

"于"即"邘"，《水经注·沁水注》："其水南流径邘城西，故邘国也。""今野王西北三十里有故邘城，邘台是也。"地在今沁阳市西北。[36]

标本44-1，币文位于币面右侧中部，金文，与《字编》第69页"货系269"平肩空首布币文相似。通长9.7厘米，身长5.7厘米，肩宽4.6厘米，足宽5厘米。銎部宽1.6—2.1厘米，厚1.4厘米，重27.5克。（图六十九）

"共"字布，1枚。

共，地名，卫邑，位于今河南辉县市境内。《左传·隐公元年》："五月辛丑，大叔出奔共。""共"，春秋早期属卫，后属晋，地址在今辉县市新安。[37]

标本70-1，币文位于币面右侧上部，字形与《字编》第39页"货系188、189"平肩弧足空首布相同。通长9.9厘米，身长6厘米，肩宽4.9厘米，足宽5.1厘米。銎部宽1.6—2.1厘米，厚1.3厘米，重31.7克。（图七十）

"丘"字布，2枚。

丘，地名，周邑[38]，具体位置尚不清楚。依币文位置和字形不同可分二式。

Ⅰ式，标本79-2。币文位于币面右侧上部，与《古文字类编》第54页列举的标本"币编战国68号"的币文"丘"相同，故释作"丘"。通长9.3厘米，身长5.8厘米，肩宽4.8厘米，足宽5厘米。銎部宽1.7—2厘米，厚1.3厘米，重22.8克。（图七十一）

Ⅱ式，标本79-3。币文位于币面左侧上部，范土面有"一"字形纹，此字与《古文字类编》

第54页列举的标本"币编战国68号"的币文"丘"相同，故释作"丘"。通长9.8厘米，身长5.8厘米，肩宽4.5厘米，足宽5厘米。銎部宽1.6—2厘米，厚1.3厘米，重24.3克。（图七十二）

"宁"字布，1枚。

宁，晋邑，在今河南获嘉县境内。[39]《左传·文公五年》："晋阳处父聘于卫，反过宁，宁嬴从之。"杜预注曰："宁，晋邑，汲郡修武县也。"汉武帝时更"宁"名曰"获嘉"。

标本77-1，币文位于币面右侧中部，上下结构，《原空首布简报》遗漏。此字与《字编》第69页列举的标本、《中国钱币》1996年第2期平肩弧足空首布的币文相同。通长9.8厘米，身长5.8厘米，肩宽4.5厘米，足宽5厘米。銎部宽1.6—2厘米，厚1.3厘米，重24.3克。（图七十三）

（四）纪名物类

纪名物类，共30种，145枚。

"士"字布，22枚，残2枚。

字形变化较大，依位置和字形不同分为五式。

Ⅰ式，标本1-1。币文位于币面右侧中部，"士"字两横笔等长且平行，横笔间距稍大，竖笔较长。通长9.5厘米，身长5.9厘米，肩宽4.8厘米，足宽5.1厘米。銎部宽1.6—2.2厘米，厚1.2厘米，重32.3克。（图七十四）

Ⅱ式，标本1-2。币文位于币面左侧中部，两横笔平行等长，竖笔较长，横笔间距较小。通长9.5厘米，身长5.9厘米，肩宽5厘米，足宽5.1厘米。銎部宽1.7—2.2厘米，厚1.3厘米，重27.7克。（图七十五）

Ⅲ式，标本1-3。币文位于币面右侧中部，"士"字两横笔等长，竖笔稍短，两横笔间距较标本1-2更小。通长9.4厘米，身长5.8厘米，肩宽4.8厘米，足宽5厘米。銎部宽1.8—2.1厘米，厚1.2厘米，重27.8克。（图七十六）

Ⅳ式，标本1-4。币文位于币面右侧上部，字体与标本1-3相同，字形略小。通长9.7厘米，身长6厘米，肩宽5厘米，足宽5.2厘米。銎部宽1.7—2.3厘米，厚1.3厘米，重32.7克。（图七十七）

Ⅴ式，标本1-5。币文位于币面左侧中部，与前者字体相同，字形较小。通长9.6厘米，身长6厘米，肩宽5厘米，足宽5.1厘米。銎部宽1.7—2.2厘米，厚1.3厘米，重36.5克。（图七十八）

"由"字布，4枚。

标本5-4，币文位于币面右侧中部，金文，字形与《字编》第36页所列"货系440"平肩弧足空首布相同。通长9.9厘米，身长6.1厘米，肩宽5.2厘米，足宽4.9厘米。銎部宽1.8—2.1厘米，厚1.3厘米，重32.8克。（图七十九）

"伐"字布，20枚，残4枚。

字形字体变化较大，依币文位置和字形不同分为八式。

Ⅰ式，标本6-1。币文位于币面右侧中部，字形与《字编》第140页"货系455"平肩弧足布字体结构相同，笔画少了一笔。通长9.5厘米，身长5.8厘米，肩宽5厘米，足宽5厘米。銎部宽1.7—2厘米，厚1.2厘米，重25.4克。（图八十）

Ⅱ式，标本6-2。币文位于币面右侧中部，字形与《字编》第140页所列"货系455"平肩弧足空首布字体结构相同，笔画略有变化。通长9厘米，身长5.6厘米，肩宽4.7厘米，足宽5厘米。銎部宽1.6—2.1厘米，厚1.2厘米，重25.7克。（图八十一）

Ⅲ式，标本6-3。币文位于币面右侧中部，字形与《字编》第140页所列"铁云212"平肩弧足空首布的"伐"字相同。通长9.5厘米，身长5.9厘米，肩宽4.9厘米，足宽5.1厘米。銎部宽1.6—2厘米，厚1.2厘米，重26.3克。（图八十二）

Ⅳ式，标本6-4。币文位于币面左侧中部，字形与《字编》第140页所列"货系455"平肩弧足空首布的"伐"字相同。通长9厘米，身长5.7厘米，肩宽4.8厘米，足宽5厘米。銎部宽1.6—2厘米，厚1.1厘米，重26.8克。（图八十三）

Ⅴ式，标本6-7。币文位于币面左侧中部，此字与《字编》第140页所列"平货系454"平肩弧足空首布的"伐"字结构相同，笔画有变化。通长9厘米，身长5.7厘米，肩宽4.8厘米，足宽5厘米。銎部宽1.6—2厘米，厚1.1厘米，重26.8克。（图八十四）

Ⅵ式，标本6-8。币文位于币面左侧中部，此字与《字编》第140页所列"货系455"平肩弧足空首布币文"伐"字结构相同，笔画略有变化。通长9厘米，身长5.7厘米，肩宽4.8厘米，足宽5厘米。銎部宽1.6—2厘米，厚1.1厘米，重26.8克。（图八十五）

Ⅶ式，标本6-9。币文位于币面左侧上部。字形与《字编》第140页所列"货系455"平肩弧足空首布币文字体结构相同，字形相反，为"伐"字的反写。反写、倒写、增笔和减笔，这种现象在先秦古文字中常见。通长9厘米，身长5.6厘米，肩宽4.6厘米，足宽4.9厘米。銎部宽1.7—2厘米，厚1.2厘米，重23.8克。（图八十六）

Ⅷ式，标本14-3。币文位于币面左侧上部，该币是这批空首布中体量最小的一枚。此字与《字编》第140页"货系455"平肩弧足空首布的币文相近，与标本6-9结构相同，两横笔不太清晰。通长8.8厘米，身长5.5厘米，肩宽4.5厘米，足宽4.7厘米。銎部宽1.6—1.9厘米，厚1.1厘米，重21克。（图八十七）

"非"字布，2枚。

标本10-1，币文位于币面左侧上部，字形与《字编》第176页"货系496"平肩弧足空首布相同。通长9.8厘米，身长5.9厘米，肩宽4.9厘米，足宽5.1厘米。銎部宽1.7—2.1厘米，厚1.3厘米，重32.8克。（图八十八）

"析"字布，18枚，残2枚。

标本10-2，币文位于币面左侧中部，《原空首布简报》中释作"北"，有误。经重新比对，发现此字形与《字编》第89页所列标本"货系497"平肩弧足空首布币文相同，故改释为"析"。通长9.2厘米，身长5.8厘米，肩宽4.5厘米，足宽4.7厘米。銎部宽1.6—1.8厘米，厚1.4厘米，重24克。（图八十九）

"应"字布，8枚。

依币文位置和字形不同分为三式。

Ⅰ式，标本16-1。币文位于币面右侧中部，《空首布简报》释为"居"，有误。其字形与《字编》第133页"货系355"平肩弧足空首布相同，当释为"应"。通长9.6厘米，身长6厘米，肩宽4.9厘米，足宽5.1厘米。銎部宽1.6—2厘米，厚1.3厘米，重28.5克。（图九十）

Ⅱ式，标本16-2。币文位于币面右侧上部，此字与标本16-1字体结构相同，写法略有不同，为"应"字的变体。通长9.5厘米，身长5.8厘米，肩宽4.8厘米，足宽5厘米。銎部宽1.5—2厘米，厚1.3厘米，重30.9克。（图九十一）

Ⅲ式，标本16-3。币文位于币面右侧上部，应释为"应"。通长9.6厘米，身长5.9厘米，肩宽4.8厘米，足宽5.1厘米。銎部宽1.7—2厘米，厚1.3厘米，重30.2克。（图九十二）

"宋"字布，4枚。

此字与《先秦货币文编》第91页所列"铁云180"平肩弧足空首布币文相同，与"先秦编128"平肩弧足空首布币文相似。吴良宝《中国东周时期金属货币研究》中认为"宋"可释为"济"，系地名，在今河南温县西北。[40]

标本23-1，币文位于币面左侧上部，金文。通长9.5厘米，身长5.8厘米，肩宽4.8厘米，足宽

5厘米。銎部宽1.7—2.1厘米，厚1.3厘米，重28.1克。（图九十三）

"松"字布，8枚，残1枚。

字形结构变化较大，依币文位置和字形不同分五式。

Ⅰ式，标本24-1。币文位于币面右侧中部，字为左右结构，左"木"右"公"，与《字编》第87页所列"铁云155"平肩弧足空首布币文的"松"字相同。通长9.8厘米，身长5.9厘米，肩宽5厘米，足宽5.1厘米。銎部宽1.7—2.3厘米，厚1.4厘米，重31.2克。（图九十四）

Ⅱ式，标本24-2。币文位于币面右侧上部，左右结构，左"公"右"木"，为"松"字的反写。与《字编》第87页所列"货系312"平肩弧足空首布币文相类。通长9.5厘米，身长5.9厘米，肩宽5厘米，足宽5.1厘米。銎部宽1.7—2.2厘米，厚1.3厘米，重31.8克。（图九十五）

Ⅲ式，标本24-3。币文位于币面右侧中部，为"松"之反写，左右结构，左"公"右"木"，右侧的"木"较小，左右不对称。与《字编》第87页"先秦编126"平肩弧足空首布相类。通长9.6厘米，身长6厘米，肩宽5.1厘米，足宽5.2厘米。銎部宽1.6—2.2厘米，厚1.3厘米，重30.4克。（图九十六）

Ⅳ式，标本24-4。币文位于币面右侧上部，左右结构，但不对称，左"公"右"木"，右边的"木"极小。通长9.3厘米，身长5.9厘米，肩宽5厘米，足宽5厘米。銎部宽1.7—2.2厘米，厚1.4厘米，重28.8克。（图九十七）

Ⅴ式，标本残5-1。币文位于币面右侧中部，左右结构，构成"松"字的三个组成元素相同，但位置不同，为变体的"松"字。通长9.3厘米，身长5.1厘米，足宽4.6厘米。銎部宽1.5—2厘米，厚1.2厘米，重25克。

"工"字布，4枚，残2枚。

币文位置和字形相同。

标本32-1，币文位于币面右侧中部，字形与《字编》第66、67页所列举的多个标本的币文相同。通长9厘米，身长5.6厘米，肩宽4.5厘米，足宽4.7厘米。銎部宽1.5—2厘米，厚1.4厘米，重21.9克。（图九十八）

"真"字布，10枚。

此字有三种解释，丁福保《历代古钱图说》释为"贞"，[41]《先秦货币文编》里亦释作"贞"[42]；吴良宝《先秦货币文字编》里释作"真"[43]；《洛阳聂湾发现东周空首布》里释作"鼎"[44]；《洛阳附近出土的两批东周货币》里亦释作"鼎"[45]。黄杰先生认为"贞""真"的区别在于是否有意符

"丌"。综合以上意见，我们认为当释作"真"。依币文位置和字形不同分为二式。

Ⅰ式，标本7-1。币文位于币面右侧中部，字形较长。通长9厘米，身长5.6厘米，肩宽4.7厘米，足宽5厘米。銎部宽1.6—2厘米，厚1.2厘米，重25.7克。（图九十九）

Ⅱ式，标本7-2。币文位于币面右侧中部，字形较长。字形与《字编》第141页"先秦编137"平肩弧足空首布的"真"字相同。通长9.5厘米，身长5.9厘米，肩宽4.9厘米，足宽5.1厘米。銎部宽1.6—2厘米，厚1.2厘米，重26.3克。（图一〇〇）

"窒"字布，1枚。

标本35-1，币文位于币面左侧中部，此字与《字编》第134页所列标本"货系223"平肩弧足空首布的币文相同。通长9.5厘米，身长5.8厘米，肩宽4.9厘米，足宽5厘米。銎部宽1.5—1.9厘米，厚1.2厘米，重30.2克。（图一〇一）

"大"字布，1枚。

标本36-1，币文位于币面右侧中部，字迹不甚清晰，范土截面有"米"形纹。此字与丁福保《历代古钱图说》第7页中的币文"大"字相似，该书中将此释为地名。通长9.3厘米，身长5.6厘米，肩宽4.1厘米，足宽4.6厘米。銎部宽1.4—1.8厘米，厚1.4厘米，重21.1克。（图一〇二）

"昇"字布，2枚。字形字体相同。

标本37-1，币文位于币面右侧上部，字形与《字编》第40页所列标本"货系284"平肩弧足空首布的币文相同，与"铁云168"平肩弧足空首布币文相似。通长9.8厘米，身长6厘米，肩宽4.9厘米，足宽5.1厘米。銎部宽1.5—2.1厘米，厚1.3厘米，重28.2克。（图一〇三）

"宗"字布，7枚，残2枚。

依币文位置和字形不同分为二式。

Ⅰ式，标本38-1，币文位于币面右侧上部，此字与《字编》第133页所列标本"货系216"平肩弧足空首布的币文相同。通长9厘米，身长5.6厘米，肩宽4.7厘米，足宽5厘米。銎部宽1.6—2.2厘米，厚1.2厘米，重26.5克。（图一〇四）

Ⅱ式，标本残2-1，币文位于币面左侧中部，残缺较甚，但币文完好。此字与《字编》第133页"货系216"平肩弧足空首布的币文相似。身长5.6厘米，肩宽4.5厘米，残重8.5克。（图一〇五）

"冶"字布，1枚。

标本40-1，币文位于币面右侧中部，字形与《字编》第174页"货系259"平肩弧足空首布及

"先秦编121"平肩弧足空首布相似。通长9.3厘米，身长5.9厘米，肩宽4.7厘米，足宽5厘米。銎部宽1.7—2.1厘米，厚1.4厘米，重24.2克。（图一〇六）

"君"字布，7枚。

依币文位置和字形不同分二式。

Ⅰ式，标本42-1。币文位于币面左侧中部，金文，字形与《字编》第24页"先秦编122"平肩弧足空首布相同。通长9.6厘米，身长5.8厘米，肩宽5厘米，足宽5.1厘米。銎部宽1.7—2.2厘米，厚1.3厘米，重32.8克。（图一〇七）

Ⅱ式，标本42-2。币文位于币面左侧上部，金文，字形与《字编》第24页"货系196"平肩弧足空首布相同。通长9.8厘米，身长6厘米，肩宽5厘米，足宽5.2厘米。銎部宽1.7—2.3厘米，厚1.4厘米，重34.4克。（图一〇八）

"斗"字布，4枚。

标本43-1。币文位于币面左侧上部。此字《空首布简报》释为"午"，有误。此字目前有三种意见：丁福保《历代古钱图说》释为"午"[46]；黄锡全《先秦货币研究》中由"午"改释为"斗"[47]，张颔《古币文编》亦释为"斗"[48]；吴良宝的《先秦货币文字编》则列入未识待考的附录里（第255页005号）。我们采信黄锡全先生的意见，释作"斗"。通长9.6厘米，身长5.9厘米，肩宽4.9厘米，足宽5厘米。銎部宽1.6—2.1厘米，厚1.4厘米，重27.7克。（图一〇九）

"牢"字布，2枚。

此字有多种不同解释。黄锡全《先秦货币文字编》第86页释为"柳"，丁福保《历代古钱图说》亦释为"柳"，蔡运章建议释为"牛卯"。我们在《空首布简报》中认为是"卯牛"或"贸"，山东大学古文字学者黄杰认为当释为"牢"。综合以上观点，我们倾向于释作"牢"字，并将黄杰先生考证原文录于后。

标本60-1，《空首布简报》释为"柳"。这是依据传统的释法。《字编》即将这种形体的字释作"柳"（第86页），《字形表》同（第752页）。这种意见从几个方面看都很可疑：首先，此字与金文（柳散氏盘，《集成》10176；南宫柳鼎，《集成》2805）及汉印"柳"（"高柳塞尉"）不类。其次，此字的意符很可能是"牛"，而"柳"的意符是"木"。今按："牢"疑当释为"牢"。此字可能是从牛、卯声，是"牢"的一种形声结构的异体。上古"牢"（幽部来母）、"卯"（幽部明母）音近。二字的声母一属舌头音来母，一属唇音明母，看起来有明显的差别，但不难解释，从"卯"声的字就有不少是来母字，如"聊""柳"。《说文》"膚"（鱼部帮母），从"盧"（鱼部来母）声，也是唇音声母字与舌头音声母字发生关联的例子。而且，早期文献中"牢"与"留"声之字有通用的例子，如《淮南子·本经训》"牢笼天地"，高诱注："牢读如屋霤之霤。楚人谓牢为霤。""霤"从"留"声。而"留"从"丣"声。《说文》云"留"从"丣"声。"丣"依《说文》即古文"酉"。清华简《子仪》简6"杨柳"之"柳"写作"酋"，从"酉"声，而"柳"本从"卯"声。可见，"酉"声、"卯"声极近。因此"留"实际上是从"卯"声。此外，马王堆帛书中"牢""陆"通用，同时"睦""溜"通用，"陆""睦"均从"坴"声，而"溜"的基本声符也是"卯"，这也可以证明"牢"与"卯"声韵的密切关系。新蔡简"太牢"之"牢"写作留（留，乙四25号简），这也是我们将𤘪释为"牢"的一个强有力的证据。其中"牢"从牛、留声，应当就是"牢"的一种形声结构的异体。"牢"与"𤘪"的意符都是"牛"，只不过分别用了音近的声符"留"与"卯"而已。"牢"为地名，《左传》有"虎牢"，地在今河南荥阳市汜水镇；又有"虫牢"，在今河南省封丘县北。

标本60-1，币文位于币面左侧上部，通长9.6厘米，身长6厘米，肩宽4.9厘米，足宽5厘米。銎部宽1.7—2.1厘米，厚1.2厘米，重30.2克。（图一一〇）

"冋"字布，3枚。

标本45-1，币文位于币面右侧中部，《空首布简报》释为"同"字，有误。此字与《字编》第81页"货系406"平肩弧足空首布相同，当释为"冋"。通长9.9厘米，身长6厘米，肩宽5厘米，足宽5厘米。銎部宽1.6—2.2厘米，厚1.3厘米，重32.6克。（图一一一）

"文"字布，3枚，残2枚。

标本52-1，币文位于币面左侧中部，甲骨文。字形与《字编》第150页"货系559"平肩弧足空首布币文相同，与"先秦编578"燕明刀币文相似，此两处皆释作"文"。通长9.6厘米，身长5.9厘米，肩宽4.8厘米，足宽4.4厘米。銎部宽1.6—1.9厘米，厚1.4厘米，重21.9克。（图一一二）

"贸"字布，3枚。

依币文位置和字形不同分二式。

Ⅰ式，标本58-1。币文位于币面左侧上部，字形较大，上部为"卯"，下部为"贝"，与《字编》第94页"货系479"平肩弧足空首布币文相同。通长9.6厘米，身长6厘米，肩宽4.9厘米，足宽5.1厘米。銎部宽1.6—2.1厘米，厚1.3厘米，重31克。（图一一三）

Ⅱ式，标本58-2。币文位于币面左侧中部，字形略小，字迹不甚清晰，上"卯"下"贝"，组合为"贸"，与《字编》第94页"钱典792"平肩弧足空首布币文相类。通长10厘米，身长6.1厘米，肩宽4.9厘米，足宽5.2厘米。銎部宽1.7—2厘米，厚1.2厘米，重32.5克。（图一一四）

"宝"字布，2枚。

依币文位置和字形不同分二式。

Ⅰ式，标本59-1。币文位于币面右侧上部，字形与《字编》第131页"货系361"平肩弧足空首布币文相同。通长9.7厘米，身长6厘米，肩宽5厘米，足宽5.2厘米。銎部宽1.7—2.2厘米，厚1.3厘米，重34.4克。（图一一五）

Ⅱ式，标本78-1。币文位于币面右侧上部，字形与《字编》第131页"货系361"平肩弧足空首布币文相同。通长9.7厘米，身长5.9厘米，肩宽5厘米，足宽5.2厘米。銎部宽1.6—2.1厘米，厚1.2厘米，重31克。（图一一六）

"岫"字布，1枚。

标本59-2，币文位于币面左侧中部，金文，字迹不甚清晰，此字从"穴"从"由"，当释为"岫"。字形与《字编》第153页"货系359"平肩弧足空首布的"岫"字相近，与《古文字类编》第334页"货系358"的"岫"字相似。通长9.9厘米，身长6厘米，肩宽4.9厘米，足宽5.2厘米。銎部宽1.6—2厘米，厚1.3厘米，重30.7克。（图一一七）

"容"字布，1枚。

标本61-1，币文位于币面左侧上部，此字与《古文字类编》第311页"上容大夫戈铭文"的"容"字相近。与《古陶字录》第95页"容"字相似。通长9.1厘米，身长5.6厘米，肩宽4.6厘米，足宽5厘米。銎部宽1.7—2厘米，厚1.2厘米，重24.1克。（图一一八）

"宝"字布，1枚。

标本64-1，币文位于币面右侧上部。黄锡全《先秦货币研究》中将其释为"市"[49]，在《古陶字录》中释为"宝"[50]（山东临淄陶382、384，战国）。我们倾向于释作"宝"。通长9.5厘米，身长5.7厘米，肩宽4.4厘米，足宽4.9厘米。銎部宽1.7—2.1厘米，厚1.3厘米，重27.4克。（图一一九）

"雨"字布，1枚。

标本71-1，币文位于币面左侧上部，金文，字形与《字编》第174页"货系288"平肩弧足空首布币文相同。通长9.6厘米，身长5.8厘米，肩宽5厘米，足宽5.1厘米。銎部宽1.6—2.1厘米，厚1.3厘米，重33.8克。（图一二〇）

"城"字布，2枚。

依币文位置和字形不同分二式。

Ⅰ式，标本73-1。币文位于币面左侧中部，与《字编》第199页所列"货系1080"耸肩尖足小布币文相近。通长9.7厘米，身长5.8厘米，肩宽4.7厘米，足宽5厘米。銎部宽1.6—2.1厘米，厚1.4厘米，重27.7克。（图一二一）

Ⅱ式，标本12-4。币文位于币面右侧上部，字形与标本73-1字形字体相同。通长9.7厘米，身长5.8厘米，肩宽4.7厘米，足宽5.1厘米。銎部宽1.6—2.1厘米，厚1.5厘米，重29.2克。（图一二二）

"示"字布，1枚。

标本残1-1，币文位于币面右侧上部。币左下角足部残缺，字形与《字编》第4页所列"货系351"平肩弧足空首布币文相同。通长10厘米，身长6.2厘米，肩宽4.5厘米。銎部宽1.7—2厘米，厚1.3厘米，残重26.4克。（图一二三）

"人"字布，1枚。

标本残3-1，币文位于币面左侧中部，币身完好，銎部稍残，字形与《字编》第139页所列"货系3878"直刀币文相同。通长9.2厘米，身长4.6厘米，肩宽4.4厘米，足宽4.8厘米。銎部宽1.4—1.8厘米，厚1.4厘米，残重23.3克。（图一二四）

"上"字布，1枚。

标本13-3。币文位于币面左侧中部，字形不甚清晰，币右侧足尖稍残，系"上"字的倒写。通长8.9厘米，身长5.2厘米，肩宽4.1厘米，足宽4.5厘米。銎部宽1.6—2.6厘米，厚1.4厘米，重25.6克。（图一二五）

（五）合文类

合文类共七种，21枚。

"安阳"布，7枚，残2枚。

安阳，地名，春秋时先属齐后属晋，在今河南安阳县境内。依币文位置和字形不同分为五式。

Ⅰ式，标本20-1。币文位于币面右侧上部，币文为两个字，上"安"下"阳"。"安"字与

《字编》第127页"货系643"平肩弧足空首布的"安"字相似，"阳"字与《字编》第127页"先秦编350"耸肩尖足小布的"阳"字相似。通长9.2厘米，身长5.6厘米，肩宽4.6厘米，足宽4.8厘米。銎部宽1.6—2.1厘米，厚1.4厘米，重24.9克。（图一二六）

Ⅱ式，标本57-1。币文位于币面右侧中部，字迹不甚清晰，币文为两个字，上"安"下"阳"，"阳"字与《字编》第213页"三晋42"耸肩尖足小布的"阳"字相似。通长9.6厘米，身长5.9厘米，肩宽5厘米，足宽5.1厘米。銎部宽1.6—2.1厘米，厚1.3厘米，重30.3克。（图一二七）

Ⅲ式，标本62-1。币文位于币面左侧中部，字体较大，币文为两个字，上"安"下"阳"，"安"字与《字编》第127页"货系655"平肩弧足空首布的"安"字相似，"阳"字与《字编》第212页"货系945"耸肩尖足小布的"阳"字相似。通长9.5厘米，身长5.7厘米，肩宽4.5厘米，足宽4.8厘米。銎部宽1.6—2厘米，厚1.5厘米，重31.6克。（图一二八）

Ⅳ式，标本残4-1。币文位于币面右侧中部，字迹不甚清晰，币文为两个字，上"安"下"阳"。通长9.4厘米，身长4.5厘米，足宽4.8厘米。銎部宽1.5—2厘米，厚1.4厘米，重26.4克。

Ⅴ式，标本残6-1。币文位于币面左侧中部，字迹不甚清晰，币文为两个字，上"安"下"阳"。通长9.7厘米，身长5.6厘米，肩宽4.6厘米。銎部宽1.5—1.9厘米，厚1.5厘米，重25.8克。

"丘人"布，4枚。

地名，具体位置不明。依币文位置和字形不同分为四式。

Ⅰ式，标本15-1。币文位于币面右侧上部，此字上部与《古文字类编》第54页列举的标本"币编战国68"的币文"丘"相同，下部为"人"字，故释作"丘人"。通长9.7厘米，身长5.9厘米，肩宽4.6厘米，足宽5厘米。銎部宽1.7—1.9厘米，厚1.4厘米，重26.5克。（图一二九）

Ⅱ式，标本15-2。币文位于币面左侧上部，此字上部与《先秦货币研究》第339页列举的"丘"相同，下部为"人"字，故释作"丘人"。通长9.6厘米，身长6厘米，肩宽4.9厘米，足宽5.2厘米。銎部宽1.7—1.9厘米，厚1.2厘米，重28.3克。（图一三〇）

Ⅲ式，标本15-3。币文位于币面右侧上部，币文与标本15-2相同，上部为"丘"，下部为"人"字，故释作"丘人"。通长9.6厘米，身长6厘米，肩宽4.9厘米，足宽5厘米。銎部宽1.6—2厘米，厚1.3厘米，重27.5克。（图一三一）

Ⅳ式，标本79-1。币文位于币面左侧上部，此字上部与《古文字类编》第54页列举的标本

"币编战国68号"的币文"丘"相同，下部为"人"字，故释作"丘人"。通长9.2厘米，身长5.9厘米，肩宽4.9厘米，足宽5厘米。銎部宽1.6—2.1厘米，厚1.3厘米，重25.5克。（图一三二）

"二十"布，4枚。

标本1-11，币文位于币面左侧中部，《空首布简报》释为"土"字，有误。在后期整理过程中，我们发现此字与《古文字类编》第1442页中"钱典937"币文相同，与《字编》第238页"先秦编573"燕明刀币文相似，据此将此字释为"二十"之合文。通长9厘米，身长5.1厘米，肩宽4.4厘米，足宽4.7厘米。銎部宽1.6—2厘米，厚1.3厘米，重21.9克。（图一三三）

"二千"布，1枚。

标本33-1，币文位于币面右侧上部，此字与《字编》第248页"货系3180"燕明刀背文"二千"及"先秦编570"燕明刀背文相同，故释作"二千"合文。通长9.9厘米，身长6厘米，肩宽4.9厘米，足宽5.2厘米。銎部宽1.7—2.1厘米，厚1.2厘米，重33.3克。（图一三四）

"五十八"布，1枚。

标本53-1，币文位于币面右侧上部，上部为"五"，下部为"八"，应为"五八"合文，读作"五十八"。《先秦货币文字编》合文部列举了很多此种写法，如　（五十一）、　（五十二）、　（五十三）、　（五十四）、　（五十五）、　（五十八）等。通长9厘米，身长5.6厘米，肩宽4.6厘米，足宽4.9厘米。銎部宽1.7—2.1厘米，厚1.2厘米，重24.8克。（图一三五）

"八十一"布，1枚。

标本74-1，币文位于币面右侧中部，上面为"八"，下面为"十一"（⊥），可释为"八十一"合文。《先秦货币文字编》第247页"先秦编426"释为"八十一"（　）。《先秦货币文字编》及《古文字类编》的合文部列举了很多此类写法，另可参见标本53-1"五十八"合文。通长9.5厘米，身长5.6厘米，肩宽4.4厘米，足宽4.8厘米。銎部宽1.6—2厘米，厚1.3厘米，重25.6克。（图一三六）

"卯六"布，3枚。

标本54-1，币文位于币面右侧中部，范土截面有"十"形纹。币文上部为"卯"字，下部为"六"，为"卯六"合文。古币文中有很多这种合文写法，但其意不明。通长9.1厘米，身长5.4厘米，肩宽4.2厘米，足宽4.6厘米。銎部宽1.6—1.9厘米，厚1.4厘米，重23克。（图一三七）

（六）待考类

待考类有18种，分为两种情况，一种是币文字迹不清晰而无法辨识；另一种是币文清晰，但暂未释读。

字迹不清不能辨识者4枚。

标本1-10，1枚。币文位于币面左侧上部，字迹不清，无法辨识。通长9.5厘米，身长5.2厘米，肩宽4.7厘米，足宽5厘米。銎部宽1.7—2厘米，厚1.6厘米，重24.4克。（图一三八）

标本12-3，1枚。币文位于币面右侧中部，字迹不清晰，无法辨识。通长9.7厘米，身长5.6厘米，肩宽5厘米，足宽5.2厘米。銎部宽1.6—2厘米，厚1.4厘米，重27克。（图一三九）

标本48-1，1枚。币文位于币面右侧中部，币文模糊不清，无法辨识。通长9.3厘米，身长5.7厘米，肩宽4.8厘米，足宽4.9厘米。銎部宽1.5—1.9厘米，厚1.2厘米，重26.4克。（图一四〇）

标本65-1，1枚。币文位于币面左侧中部，字迹模糊，未能辨识。通长9.4厘米，身长5.7厘米，肩宽4.7厘米，足宽5厘米。銎部宽1.5—2.1厘米，厚1.2厘米，重25.9克。（图一四一）

字迹清晰，但暂未释读者20枚，其中标本69-1、标本69-2为一个字；标本10-3、标本10-4、标本14-1、标本14-2、标本19-1、标本19-2、标本19-3、标本27-1结构相同，笔画各异，当为一个字的异写。

标本5-1，1枚。币文位于币面右侧中部，《空首布简报》中释为"吉"，但依据不足，现列为待考。通长9.2厘米，身长5.5厘米，肩宽4.6厘米，足宽4.9厘米。銎部宽1.6—2.1厘米，厚1.5厘米，重25克。（图一四二）

标本10-3，4枚，残3枚。币文位于币面右侧中部，待考。通长9.1厘米，身长5.5厘米，肩宽4.5厘米，足宽4.9厘米。銎部宽1.6—1.9厘米，厚1.4厘米，重23克。（图一四三）

标本10-4，1枚。币文位于币面右侧上部，待考。通长9.2厘米，身长5.7厘米，肩宽4.5厘米，足宽4.9厘米。銎部宽1.6—2厘米，厚1.2厘米，重25.4克。（图一四四）

标本14-1，2枚，残1枚。币文位于币面左侧中部，字形似"H"，待考。通长8.9厘米，身长5.5厘米，肩宽4.5厘米，足宽4.7厘米。銎部宽1.4—1.8厘米，厚1.4厘米，重22.8克。（图一四五）

标本14-2，2枚，残1枚。币文位于币面右侧中部，字形接近"H"，待考。通长9.4厘米，

身长5.8厘米，肩宽4.4厘米，足宽4.9厘米。銎部宽1.6—1.9厘米，厚1.3厘米，重24.2克。（图一四六）

标本19-1，1枚。币文位于币面左侧上部，字形较大。《空首布简报》中释为"朋"，依据不足，现列为待考。通长9.2厘米，身长5.5厘米，肩宽4.5厘米，足宽4.8厘米。銎部宽1.8—2.1厘米，厚1.2厘米，重24.1克。（图一四七）

标本19-2，1枚。币文位于币面左侧中部，字形略小。《空首布简报》中释为"朋"，依据不足，现列为待考。通长9厘米，身长5.6厘米，肩宽4.6厘米，足宽5厘米，銎部宽1.6—2厘米，厚1.3厘米，重21.3克。（图一四八）

标本19-3，1枚。币文位于币面右侧中部。《空首布简报》中释为"朋"，依据不足，现列为待考。通长9.3厘米，身长5.6厘米，肩宽4.5厘米，足宽4.8厘米。銎部宽1.6—2.1厘米，厚1.4厘米，重24.5克。（图一四九）

标本27-1，2枚。币文位于币面左侧中部，《空首布简报》中释作"化"，依据不足，现列为待考。通长9.5厘米，身长5.8厘米，肩宽4.8厘米，足宽5厘米。銎部宽1.7—2.3厘米，厚1.5厘米，重28.3克。（图一五〇）

标本51-1，1枚。币文位于币面右侧中部，字待考。通长9厘米，身长5.5厘米，肩宽4.7厘米，足宽4.4厘米。銎部宽1.6—1.9厘米，厚1.4厘米，重25.3克。（图一五一）

标本55-1，1枚。币文位于币面右侧中部，范土面有"十"形纹，待考。通长9.2厘米，身长5.5厘米，肩宽4.9厘米，足宽4.4厘米。銎部宽1.5—2厘米，厚1.2厘米，重23.3克。（图一五二）

标本66-1，1枚。币文位于币面右侧中部，字待考。通长9.6厘米，身长6厘米，肩宽4.9厘米，足宽5.1厘米。銎部宽1.5—2厘米，厚1.3厘米，重31.9克。（图一五三）

标本69-1，1枚。币文位于币面右上侧，字待考。通长9.7厘米，身长6厘米，肩宽5.2厘米，足宽4.9厘米。銎部宽1.6—2厘米，厚1.4厘米，重33.8克。（图一五四）

标本69-2，1枚。币文在币面右上侧，字待考。通长9.5厘米，身长5.7厘米，肩宽4.7厘米，足宽4.9厘米。銎部宽1.7—2厘米，厚1.4厘米，重26.6克。（图一五五）

三、年代属性和国别

三门峡丰阳村出土的这批空首布与宜阳县仟佰岭[51]、临汝县岭头村[52]、洛阳聂湾[53]出土的空首布形制相同，大小相仿，币文重合度较高，当属同一时期铸造。一般认为大型空首布是春秋中期前后出现的铸币形态，这批空首布也应铸造于这一时期。放置空首布的陶鬲为夹砂灰陶，侈口、方唇、束颈、鼓腹、短实足、裆部近平，通体饰粗绳纹，具有春秋晚期鬲的器形特征，据此推测空首布的埋藏时间应在春秋晚期。可能是铸造时代相近，又是效仿周王畿铸币的原因，这批空首布形制相同，制作工艺相类，大小也几无差别。

这批空首布铸造精良，类型多样。绝大多数铸有币文且币文内容十分丰富。币文均铸在币的正面，文字以一个字居多，少数为两个字，另有"一字多音"合文式币文，没有正反两面均铸文的现象。从币文内容看，种类较多，涉及数字、干支、地名、名物及合文五类。

数字是平肩弧足空首布常见的一种币文，从已发现的平肩弧足空首布资料可知，数字币文中从"一"到"九"的个位数数字均有出现。在这批空首布中出现的数字有："二、五、六、七、八"五种。先秦货币上的数字使用并不规范，纪数方式较为原始，这可能是从商周时期的纪值数字发展延续而来。先秦货币铭文中的数字，是我国古代货币中出现最早的数字，这种用数字记货币等制的方法也影响到后世的货币制度，秦汉时期"半两"钱出现数字，就有可能受到了空首布币记数字的影响。在空首布币文中，干支类币文也比较常见，出现频次较高的有"丙、戊、壬、午、丑、辛"等。丰阳村空首布中纪干支类币文有"丙、戊、壬、已、丑"五种。空首布的纪干支类币文当是延续殷商时期甲骨文金文中干支纪年的方法，但此类文字的寓意尚不明确，有待进一步探究。

地名是平肩弧足空首布中出现较多的币文，在已被释读的空首布币文中，已被确认的当在一百种以上。对空首布币文中的地名研究至少可以溯源至宋元之际。元代陆友仁在《砚北杂志》中对货币文字作了考释。他说："先秦货币，篆文奇古，多铸地名。"清初尚龄《吉金所见录》、倪模《古今钱略》及马昂《货布文字考》等著作中也都对布币中的地名进行过不同程度研究。但在这方面取得突破性进展的，还应数借鉴考古学、古文字学等多学科研究成果进行综合研究的当代学者裘锡圭、何琳仪、黄锡全、郑家相、李学勤、蔡运章、李家浩、张颔等先生。就目前学术界已获得的先秦货币地名的研究成果而言，主要集中在对各类货币地名的释读、地望考证及各类货币的国别厘定和铸行时间的确定上。

纪地名类是平肩弧足空首布中出现最多的一类币文，不仅平肩弧足空首布中比较常见，在耸肩尖足空首布和斜肩弧足空首布中也是常见币文。就平肩弧足空首布而言，其流通时间大体应在春秋中期以后，其中已考证的地名大都在河洛流域。三门峡丰阳村出土的这批平肩弧足空首布中共发现地名类币文28种，227枚。

从已释读的地名看，除周王畿铸造的，还有晋、郑、卫、宋等国铸造。

属"周王畿"的有："京"，周邑，在今河南荥阳市东南；"为"，周邑，在今孟津县东北；"成"，周邑，在今偃师西南部；"我"，周邑，在今河南沁阳市；"室"，周邑，在今河南洛阳；"俟"，周邑，在今河南偃师缑氏镇；"公"，周邑，在今河南沁阳；"留"，周邑，今河南偃师缑氏镇东南；"于"，周邑，在今沁阳市西北；"合"，周邑，在今焦作沁阳；"是"，周邑，在今洛阳西南。

属"郑国"的有："土"，郑邑，在今河南荥阳境内；"武"，郑邑，在今山东东明县西南；"高"，郑邑，在今河南禹州市西南。

属"晋国"的有："智"，晋邑，在今山西临猗县和永济市之间；"嗌"，晋邑，在今山西曲沃西南或灵丘东南；"宁"，晋邑，在今河南获嘉县境内。

属"卫国"的有："羊"，卫邑，在今河南范县南；"共"，卫邑，今河南辉县市境内。

属"宋国"的有："宋"，宋邑，在今河南商丘境内；"商"，宋邑。"商"即商丘，春秋时为宋都，在今河南商丘市睢阳区。

纪名物也是平肩弧足空首布币文中较为常见的类型，丰阳村空首布窖藏中共发现名物类币文30种145枚。主要有：士、伐、析、松、工、冶、君、由、斗、牢、同、文、贸、宝、雨、城、大、人、上、示、真、岫、容、室、宗等。

丰阳村空首布窖藏中还发现有较为少见的"合文"式币文，共21枚。"合文"又分为两个字式"合文"和"一字多音"的一字式合文。两个字的有"安阳""丘人""卯六"三种。"安阳"为地名，另两种含义不明。"一字多音"的有"二十""二千""五十八""八十一"四种，均为数字类合文。数字类合文在别处多有发现，其为组合式写法，组合方式多种多样，未有统一格式，说明当时尚未有统一规范的数字币文。

平肩弧足空首布是先秦时期货币的主要形态之一，主要铸造流通于中原地区，其中洛阳周边地区出土较多。出土空首布数量如此之多的窖藏在三门峡地区尚属首次。周、郑、晋、卫、宋、戈等国货币同出于一个窖藏，可能是商人经商汇集各国货币的结果，也是中原地区经济繁荣和商业发达的反映。这处窖藏所在的西张村镇丰阳村位于当地称为"桃山沟"的便道旁，这条便道东北与"南崤道"的菜园交会，西南与古运城往南阳商道的"上戈古道"交会，是春秋战国时期中原地区两条重要古道的交会地带，其中"上戈古道"是春秋时期西安往洛阳、南阳的交通要道，也是一条重要的商贸通道。因此，我们推测这处窖藏的主人可能在经商途经此处时遇到了意外情况，而选择把货币埋藏于此，以便之后能够取回，而最终未能如愿遗留于此；也有可能是贵族或富商为躲避战乱在逃难途中不得已暂埋藏在此处，以期来日取回而未果。总之，这批空首布数量多、工艺精良、币文涵盖的信息量大，是大型平肩空首布中难得的精品。这一发现，为研究春秋时期平肩弧足空首布的铸行流通区域、货币制度、货币文字和商业贸易等诸多问题提供了珍贵的实物资料。

注释：

[1] [21] [24] 黄锡全.先秦货币研究[M].北京：中华书局，2001：352，361，339.

[2] [16] 丁福保.历代古钱图说[M].上海：上海书店，1986：7，4.

[3] 吴良宝.先秦货币文字编[M].北京：中华书局，2006：259.

[4] [6] [7] [9] [10] [11] [15] [18] [19] [20] [27] [28] [32] [38] [52] 任常中，赵新来.河南临汝出土一批空首布[J].中原文物，1982 (2) .

[5] [23] [45] 蔡运章，侯鸿军.洛阳附近出土的两批东周货币[J].中原文物，1981 (3) .

[8] [12] [14] [25] [29] [30] [31] [33] 黄锡全.先秦货币研究[M].北京：中华书局，2001：361.

[13] [17] [22] [26] 吴良宝.中国东周时期金属货币研究[M].北京：社会科学文献出版社，2006：33.

[34] [36] [37] [39] [40] 吴良宝.中国东周时期金属货币研究[M].北京：社会科学文献出版社，2006：35、40、38.

[35] 蔡运章，李运兴，赵振华等.洛阳钱币发现与研究 [M].北京，中华书局，1998：33.

[41] 丁福保.历代古钱图说[M].上海：上海书店，1986：6.

[42] 商承祚，王贵忱，谭棣华.先秦货币文编[M].北京：书目文献出版社，1983：37.

[43] 吴良宝.先秦货币文字编[M].北京：中华书局，2006：141.

[44] [53] 邢建洛，梁锋.洛阳聂湾发现东周空首布[J].考古与文物，1999 (3) .

[46] 丁福保.历代古钱图说[M].上海：上海书店，1986：8.

[47] 黄锡全.先秦货币研究[M].北京：中华书局，2001：349.

[48] 张颔.古币文编[M].北京：中华书局，1986：30.

[49] 黄锡全.先秦货币研究[M].北京：中华书局，2001：340.

[50] 高明，涂白奎.古陶字录[M].上海：上海古籍出版社，2014：30.

[51] 蔡运章，余扶危.空首布初探[C]//中国钱币论文集.北京：中国金融出版社，1985.

空首布部分图片图录

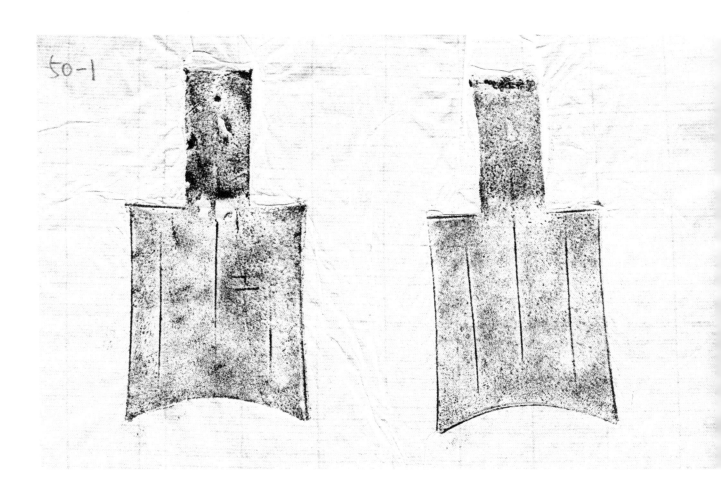

图一　"二"字布

标本50-1，币文位于币面右上侧，通长9.7

厘米，身长5.8厘米，肩宽4.8厘米，足宽5厘

米。銎部宽1.7—2厘米，厚1.4厘米，重29.4

克

三门峡丰阳村春秋空首布窖藏

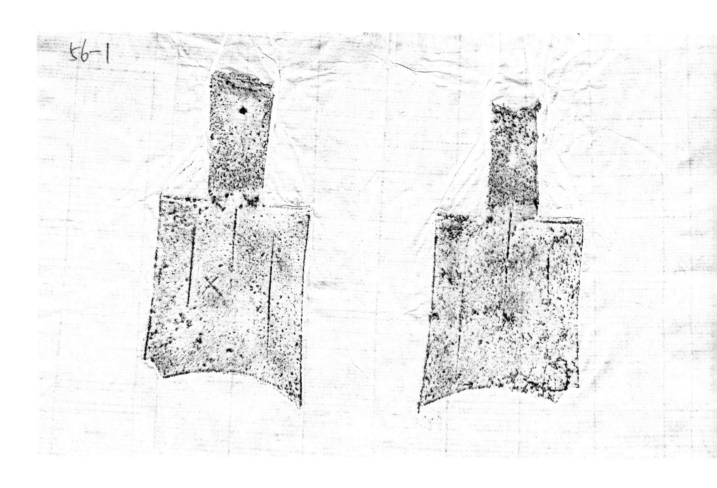

图二　"五"字布

标本56-1，币文位于币面左侧中部，左侧币足稍残，通长9.2厘米，身长5.3厘米，肩宽4厘米，足部残宽4.4厘米。銎部宽1.5—1.8厘米，厚1.3厘米，重21.7克

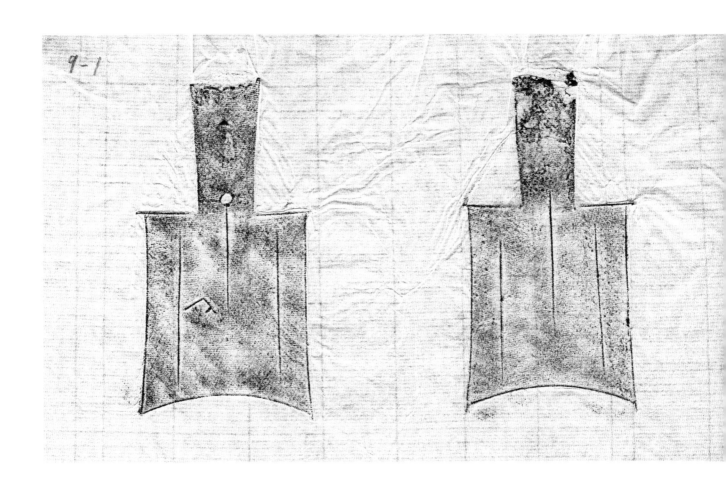

图三　"六"字布

标本9-1，币文位于币面左侧中部，通长9.8

厘米，身长5.5厘米，肩宽4.3厘米，足宽4.6

厘米。銎部宽1.5—1.9厘米，厚1.5厘米，重

23.7克

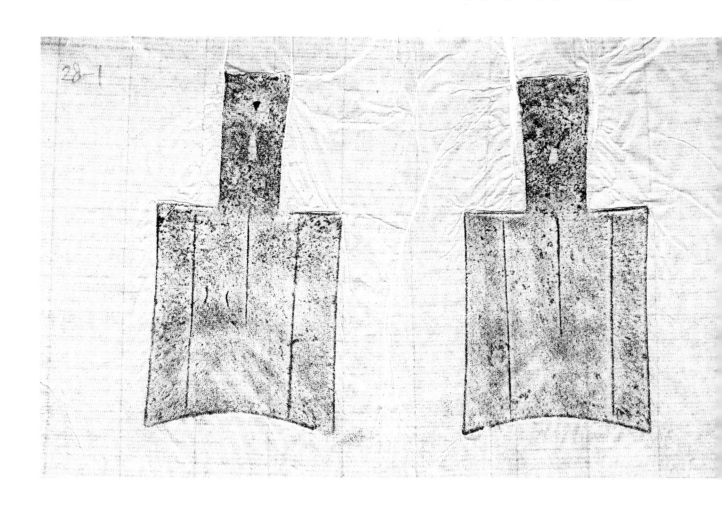

图四　"八"字布

Ⅰ式，标本28-1。币文位于币面左侧中部，字形较小。通长9.6厘米，身长6厘米，肩宽5厘米，足宽5.1厘米。銎部宽1.7—2.2厘米，厚1.3厘米，重25.6克

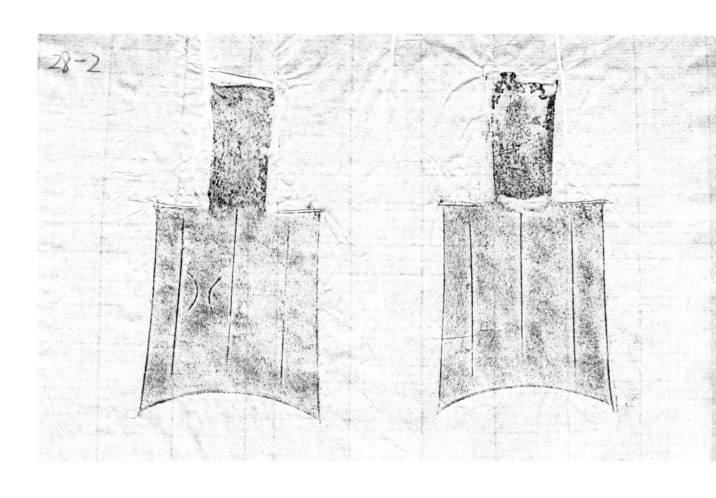

图五 "八"字布

Ⅱ式，标本28-2。币文位于币面左侧中部，通

长9.2厘米，身长5.5厘米，肩宽5厘米，足宽

5.5厘米。銎部宽1.6—2厘米，厚1.4厘米，重

29.4克

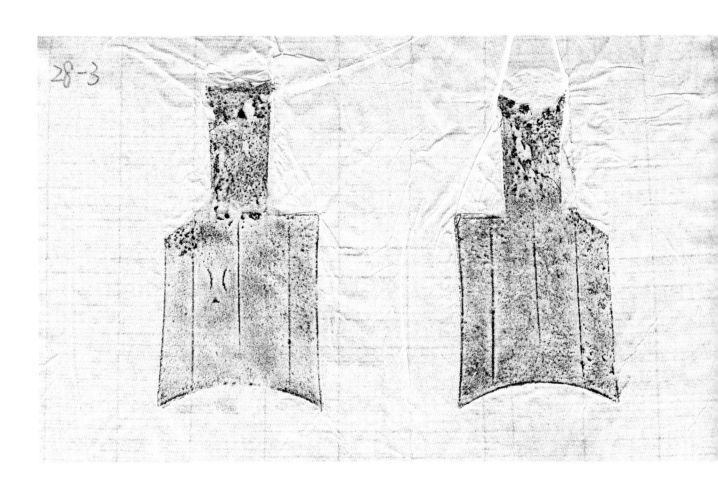

图六 "八"字布

Ⅲ式，标本28-3。币文位于币面左侧上部，

通长8.9厘米，身长5.2厘米，肩宽4.1厘米，

足宽4.5厘米。銎部宽1.6—2.6厘米，厚1.4厘

米，重21.2克

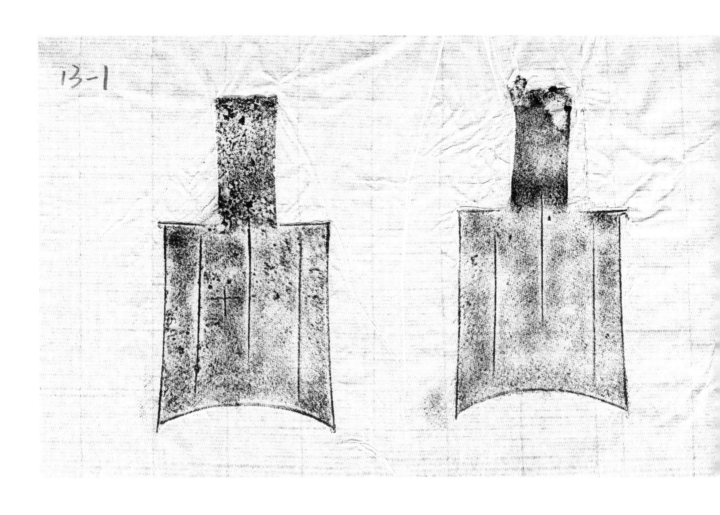

图七　"七"字布

Ⅰ式，标本13-1。币文位于币面左侧中部，通长9.5厘米，身长5.6厘米，肩宽4.4厘米，足宽4.8厘米。銎部宽1.5—1.9厘米，厚1.3厘米，重22.4克

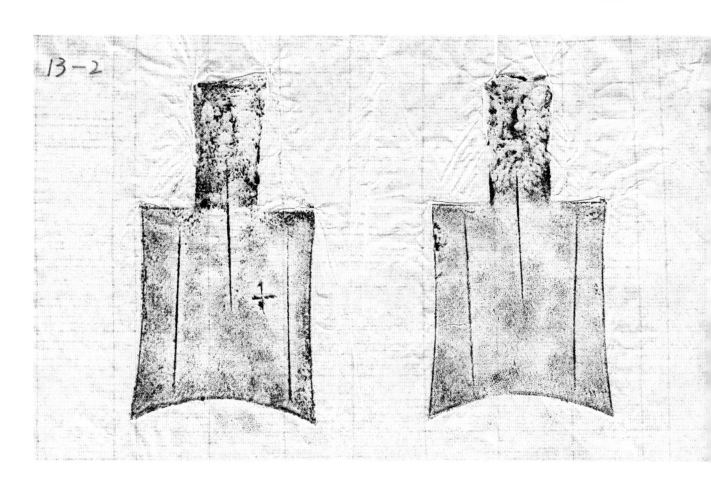

图八　"七"字布

Ⅱ式，标本13-2。币文位于币面右侧中部，通
长9.6厘米，身长5.8厘米，肩宽4.7厘米，足
宽5厘米。銎部宽1.8—2.1厘米，厚1.4厘米，
重28克

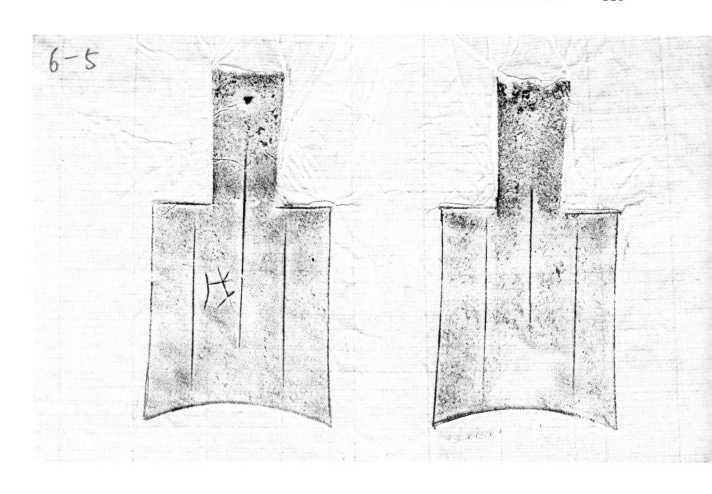

图九 "戊"字布

标本6-5。币文位于币面左侧中部，通长9.5

厘米，身长5.8厘米，肩宽4.9厘米，足宽5.1

厘米。銎部宽1.8—2.1厘米，厚1.1厘米，重

29.1克

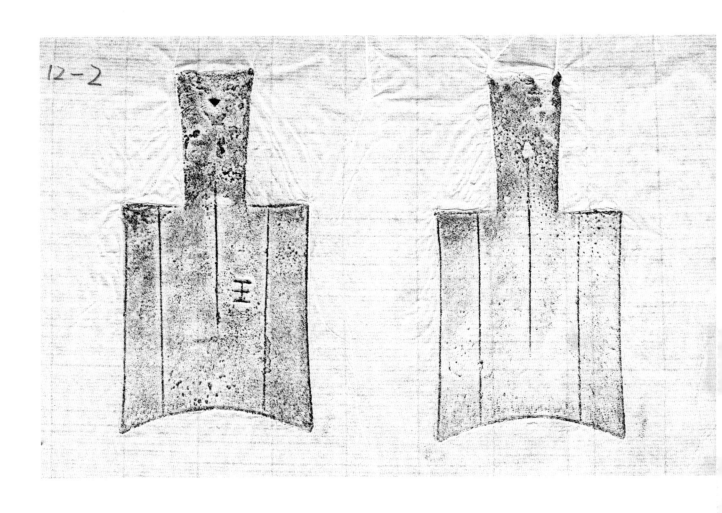

图十　"壬"字布

标本12-2。币文位于币面右侧中部，通长9.5
厘米，身长6.1厘米，肩宽4.9厘米，足宽5.1
厘米。銎部宽1.6—2厘米，厚1.1厘米，重
29.4克

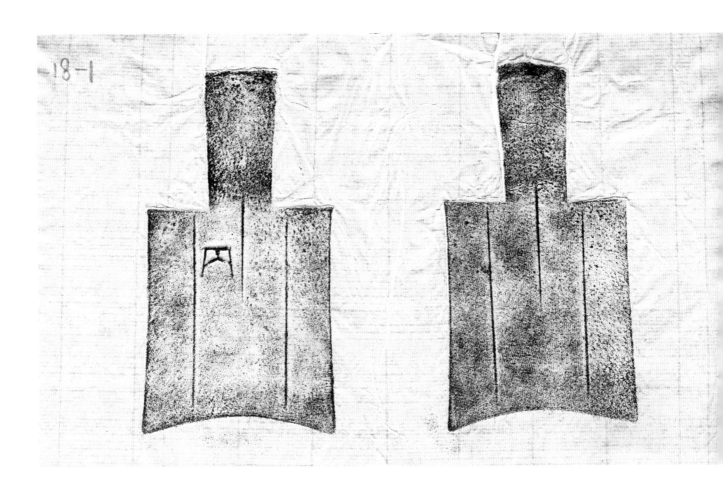

图十一　"丙"字布

Ⅰ式，标本18-1。币文位于币面左侧上部，通长9.8厘米，身长6厘米，肩宽5厘米，足宽5.2厘米。銎部宽1.7—2.1厘米，厚1.3厘米，重36.2克

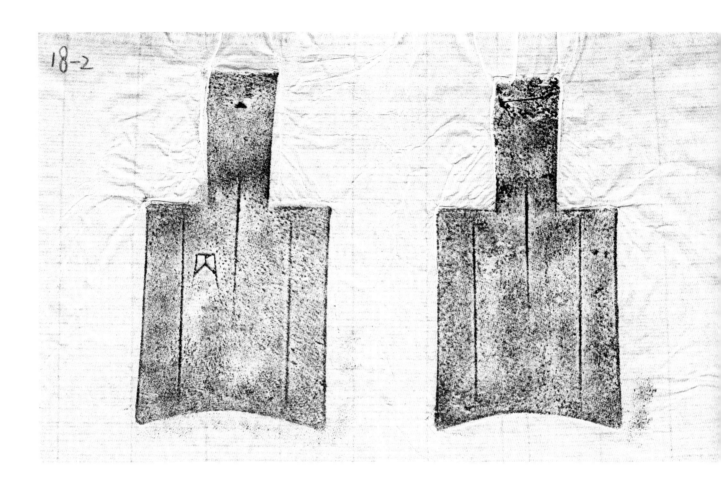

图十二 "丙"字布

Ⅱ式，标本18-2。币文位于币面左侧上部，通长9.5厘米，身长5.9厘米，肩宽5厘米，足宽5.1厘米。銎部宽1.7—2.2厘米，厚1.2厘米，重31.7克

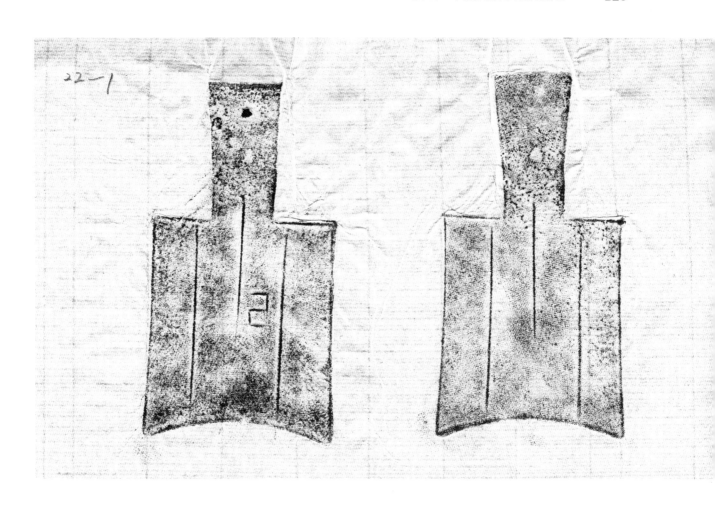

图十三 "己"字布

Ⅰ式，标本22-1。币文位于币面右侧中部，通长9.8厘米，身长5.8厘米，肩宽5厘米，足宽5.2厘米。銎部宽1.7—2.2厘米，厚1.4厘米，重33.5克

124

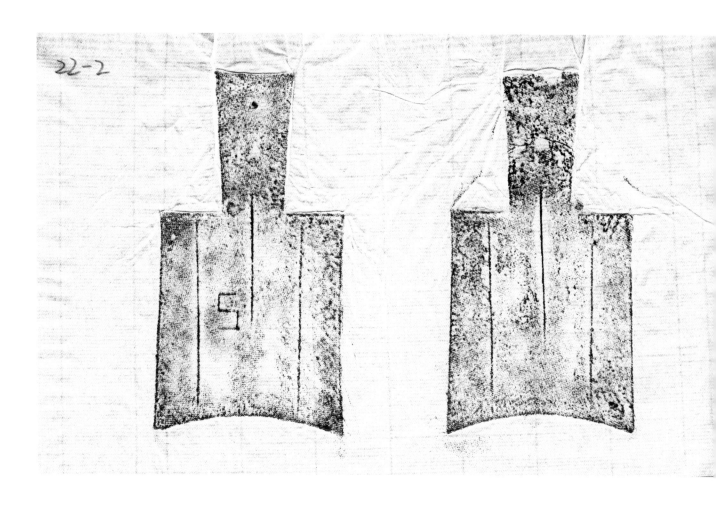

图十四　"己"字布

II式，标本22-2。币文位于币面左侧中部，通

长9.7厘米，身长6厘米，肩宽4.9厘米，足宽

5.1厘米。銎部宽1.7—2.2厘米，厚1.2厘米，

重33.7克

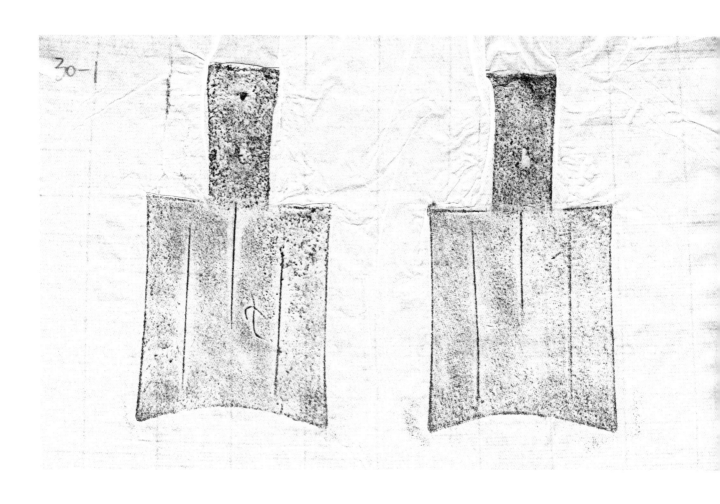

图十五 "丑"字布

标本30-1，币文位于币面右侧中部，通长9.7
厘米，身长6厘米，肩宽4.9厘米，足宽5.1厘
米。銎部宽1.7—2.1厘米，厚1.4厘米，重
31.2克

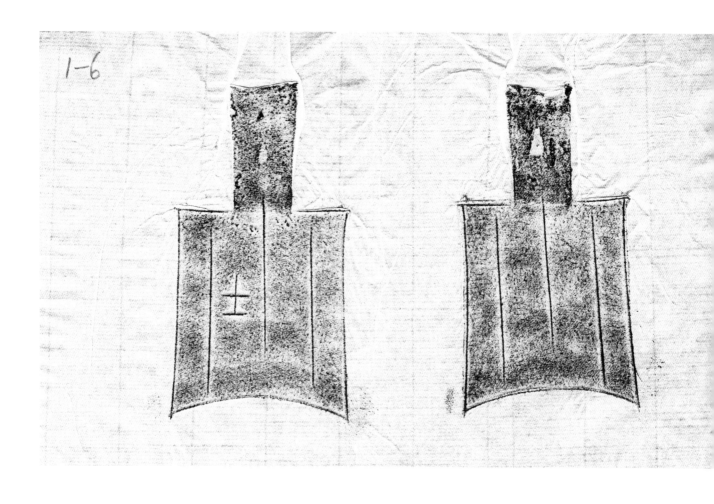

图十六　"土"字布

I式，标本1-6。通长9厘米，身长5.1厘
米，肩宽4.6厘米，足宽4.8厘米。銎部宽
1.6—2厘米，厚1.4厘米，重23.2克

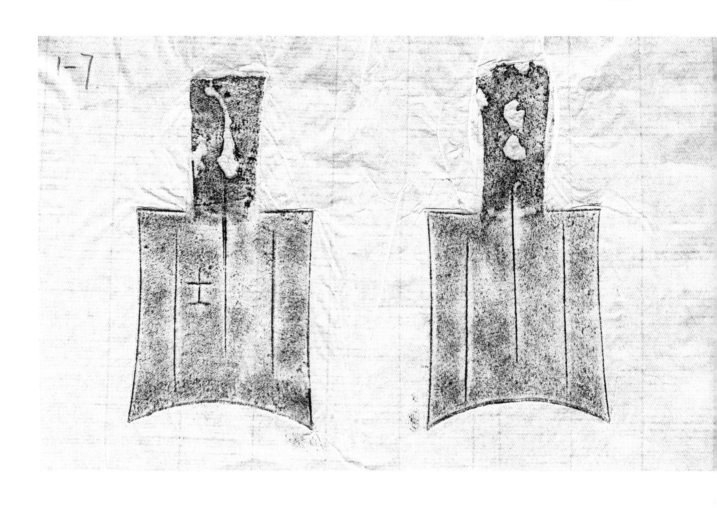

图十七　"土"字布

Ⅱ式，标本1-7。通长9.7厘米，身长5.8厘米，肩宽4.7厘米，足宽5厘米。銎部宽1.8—2.3厘米，厚1.5厘米，重26.3克

图十八　"土"字布

Ⅲ式，标本1-8。通长9.6厘米，身长6厘米，

肩宽5厘米，足宽5.1厘米。銎部宽1.7—2.2厘

米，厚1.3厘米，重36.5克

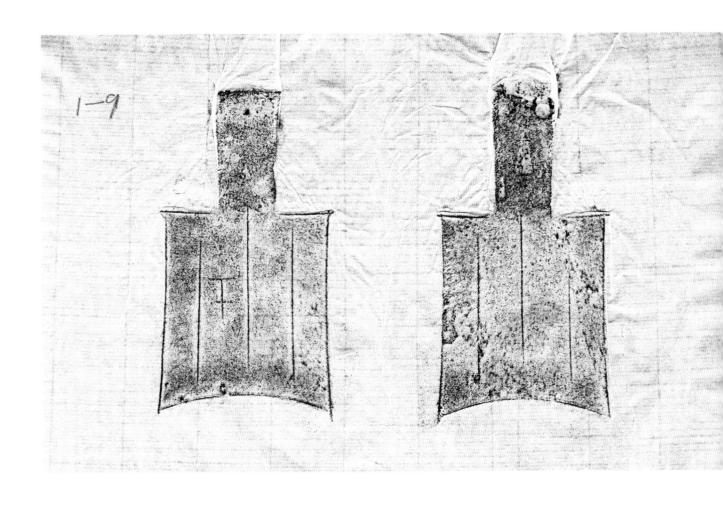

图十九 "土"字布

IV式，标本1-9。通长9.2厘米，身长5厘米，

肩宽4.5厘米，足宽4.7厘米。銎部宽1.5—2厘

米，厚1.4厘米，重22克

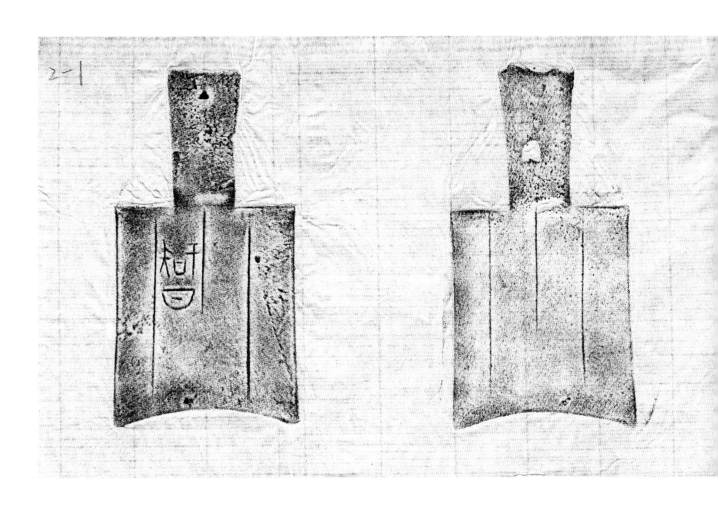

图二十　"智"字布

Ⅰ式，标本2-1。通长9.9厘米，身长5.9厘米，肩宽4.9厘米，足宽5厘米。銎部宽1.7—2.1厘米，厚1.3厘米，重34.7克

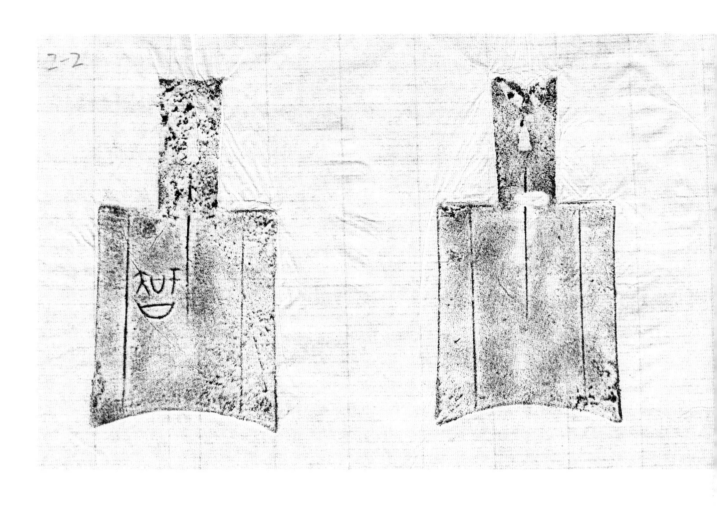

图二十一　"智"字布

Ⅱ式，标本2-2。通长9.5厘米，身长6厘米，

肩宽4.9厘米，足宽5.1厘米。銎部宽1.6—2厘

米，厚1.1厘米，重29.4克

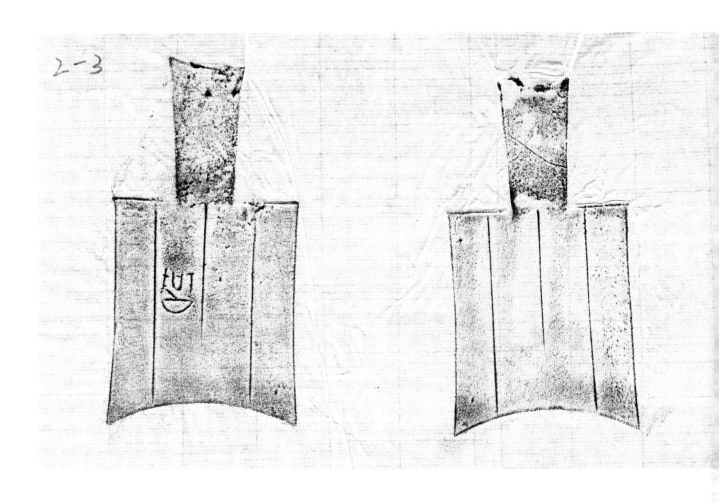

图二十二　"智"字布

Ⅲ式，标本2-3。通长9.9厘米，身长6厘米，

肩宽4.9厘米，足宽5.1厘米。銎部宽1.6—2.2

厘米，厚1.3厘米，重32.9克

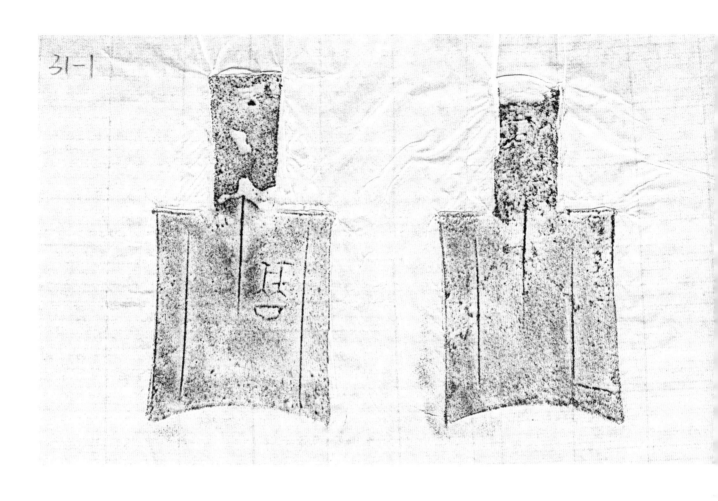

图二十三 "智"字布

Ⅳ式，标本31-1。通长9.3厘米，身长5.7厘米，肩宽4.7厘米，足宽4.8厘米。銎部宽1.7—2.1厘米，厚1.4厘米，重26.7克

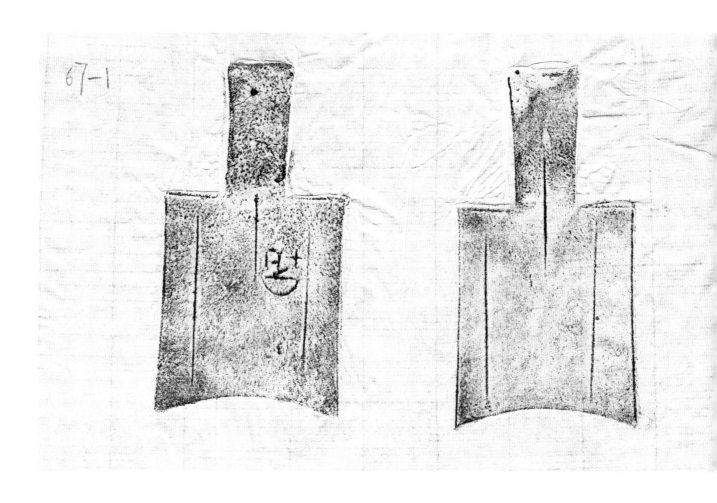

图二十四　"智"字布

V式，标本67-1。通长9.5厘米，身长6厘米，

肩宽5.8厘米，足宽4.8厘米。銎部宽1.6—2厘

米，厚1.3厘米，重28.6克

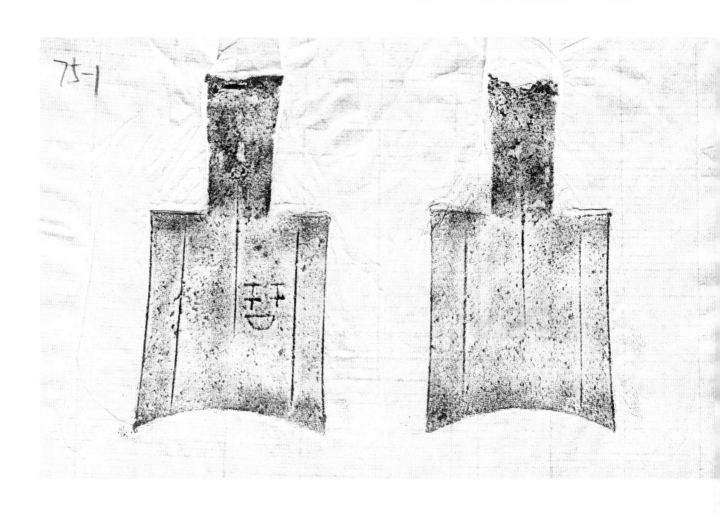

图二十五　"智"字布

VI式，标本75-1。通长9.7厘米，身长5.9厘米，肩宽5.1厘米，足宽4.7厘米。銎部宽1.7—2.1厘米，厚1.4厘米，重29.5克

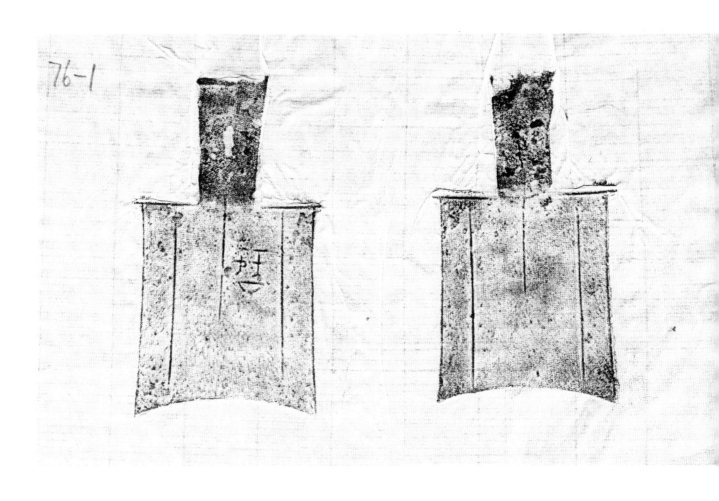

图二十六　"智"字布

VII式，标本76-1。通长9.2厘米，身长5.6厘
米，肩宽5厘米，足宽4.7厘米。銎部宽1.5—
1.8厘米，厚1.4厘米，重24.8克

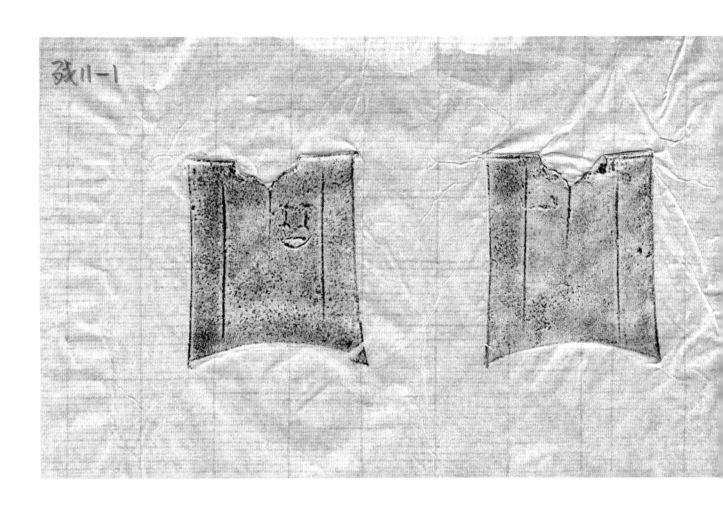

图二十七　"智"字布

Ⅷ式，标本残11-1。残长5.5厘米，肩宽4.8厘
米，足宽4.4厘米，残重8.7克

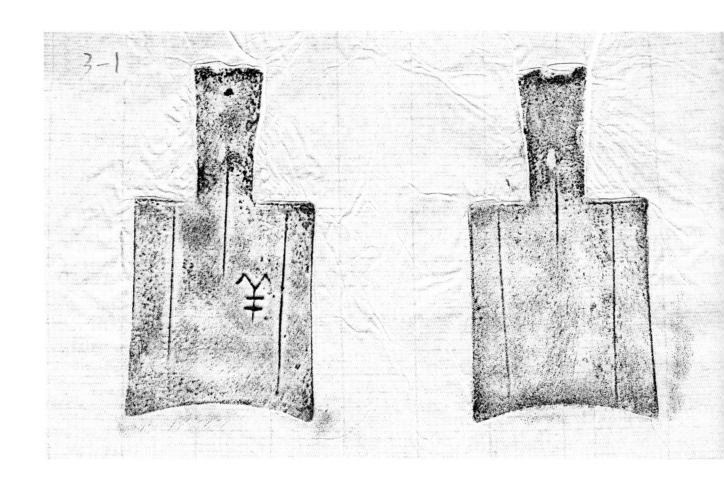

图二十八 "羊"字布

I 式，标本3-1。通长9.5厘米，身长5.8厘米，肩宽4.9厘米，足宽5.1厘米。銎部宽1.6—2厘米，厚1.2厘米，重28.9克

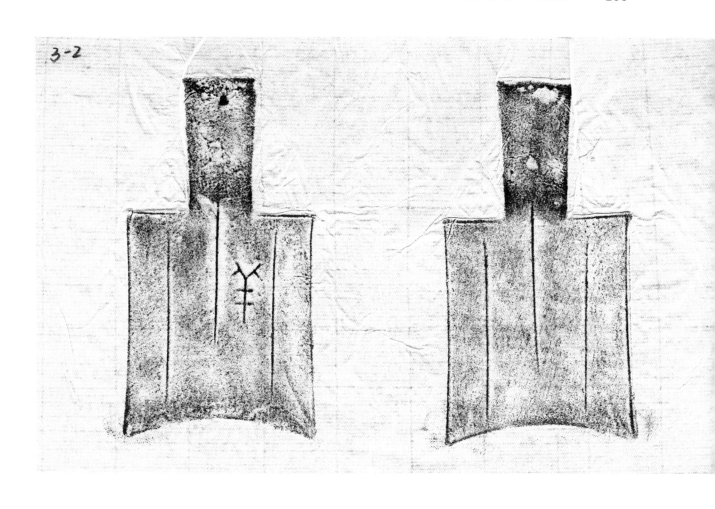

图二十九　"羊"字布

Ⅱ式，标本3-2。通长9.6厘米，身长6厘米，

肩宽5.1厘米，足宽5.2厘米。銎部宽1.8—2.3

厘米，厚1.1厘米，重32.8克

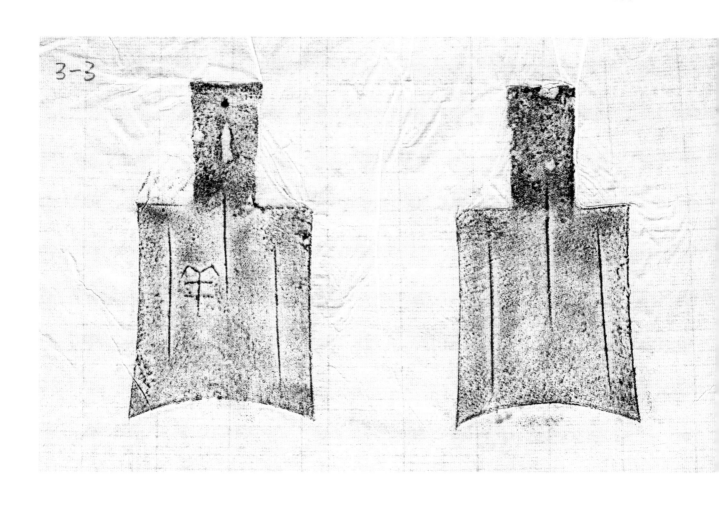

图三十　"羊"字布

Ⅲ式，标本3-3。通长9.2厘米，身长5.8厘

米，肩宽4.7厘米，足宽5厘米。銎部宽1.7—

2.1厘米，厚1.5厘米，重24克

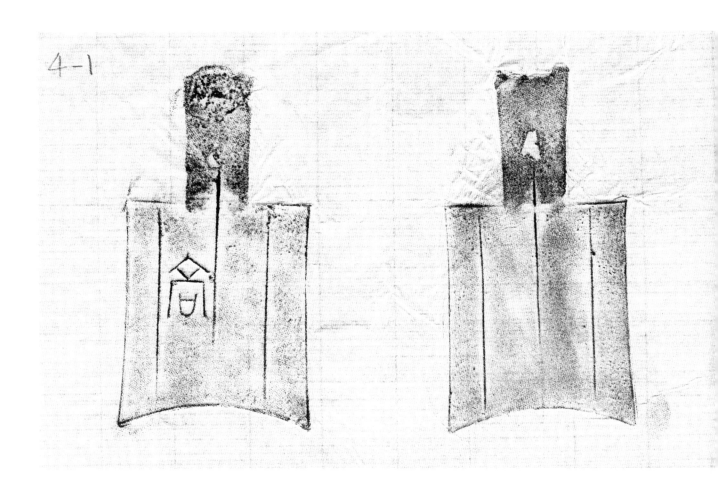

图三十一　"高"字布

Ⅰ式，标本4-1。通长9.7厘米，身长6厘米，
肩宽5厘米，足宽5.2厘米。銎部宽1.7—2.2厘
米，厚1.4厘米，重32.7克

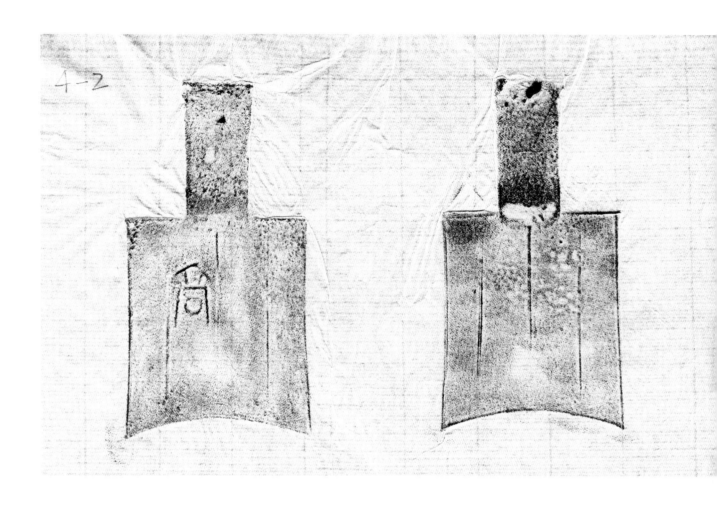

图三十二　"高"字布

Ⅱ式，标本4-2。通长9.4厘米，身长5.8厘米，肩宽4.8厘米，足宽5厘米。銎部宽1.7—2.2厘米，厚1.3厘米，重28克

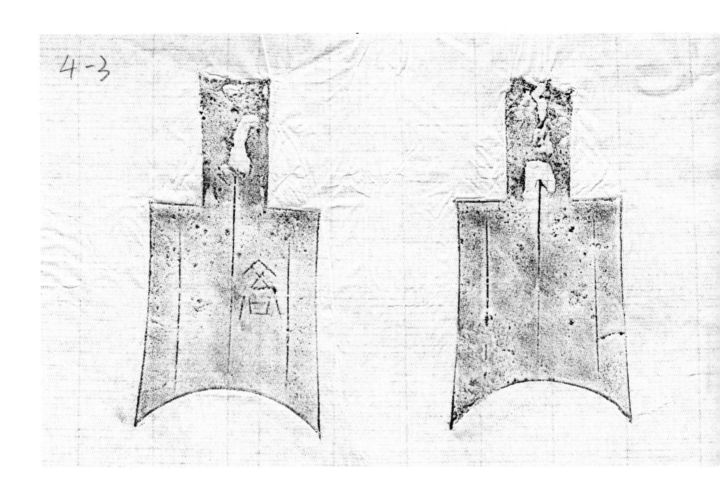

图三十三　　"高"字布

Ⅲ式，标本4-3。通长9.7厘米，身长6厘米，

肩宽4.6厘米，足宽5厘米。銎部宽1.7—2.3厘

米，厚1.5厘米，重25.6克

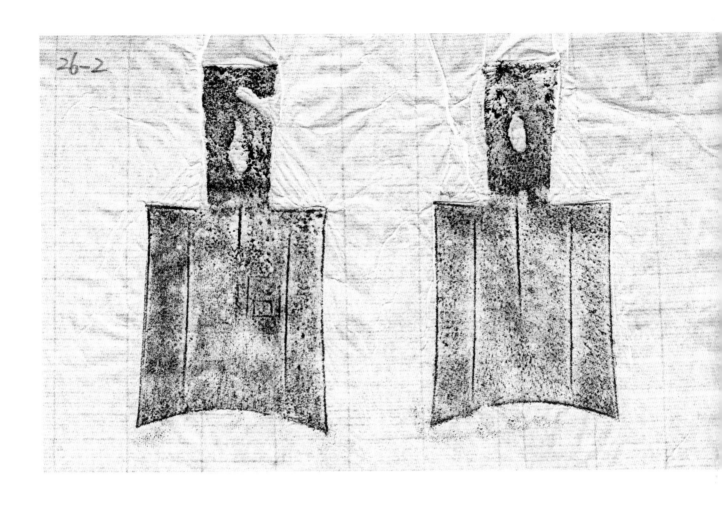

图三十四　"高"字布

Ⅳ式，标本26-2。通长9.6厘米，身长5.9厘

米，肩宽4.9厘米，足宽5.2厘米。銎部宽

1.8—2.3厘米，厚1.6厘米，重31.9克

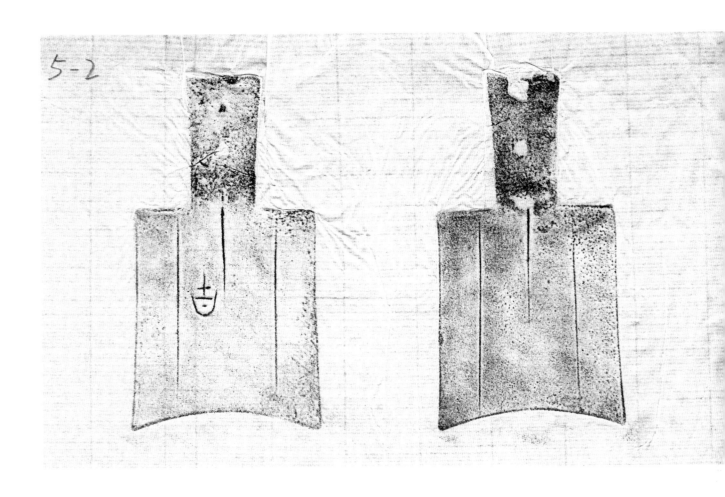

图三十五 "古"字布

Ⅰ式，标本5-2。通长9.5厘米，身长5.9厘米，肩宽4.7厘米，足宽5.2厘米。銎部宽1.8—2.1厘米，厚1.4厘米，重32克

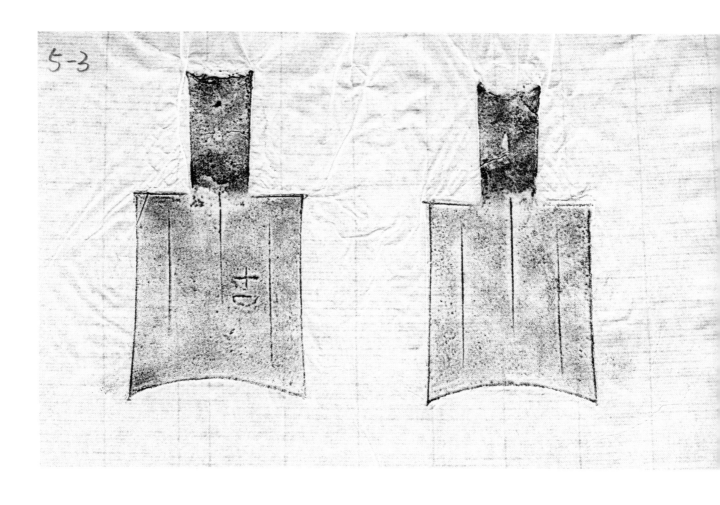

图三十六　"古"字布

Ⅱ式，标本5-3。通长9.1厘米，身长5.5厘
米，肩宽4.7厘米，足宽4.8厘米。銎部宽
1.6—2厘米，厚1.3厘米，重22克

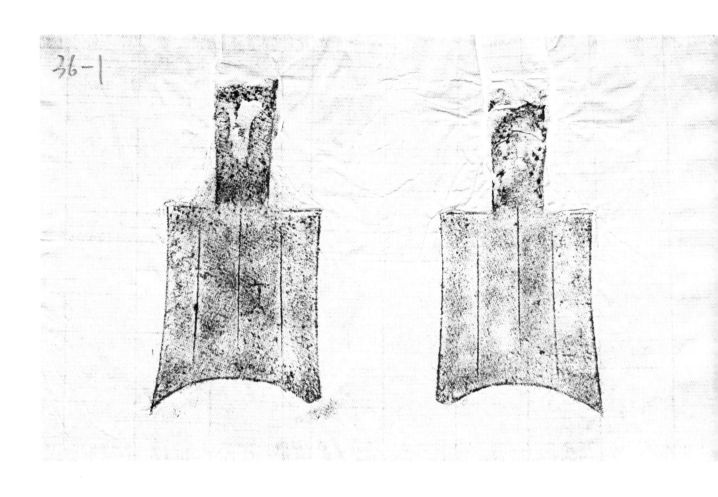

图三十七 "古"字布

Ⅲ式，标本36-1。通长9.2厘米，身长5.4厘米，肩宽4.5厘米，足宽4.1厘米。銎部宽1.4—1.8厘米，厚1.4厘米，重24.4克

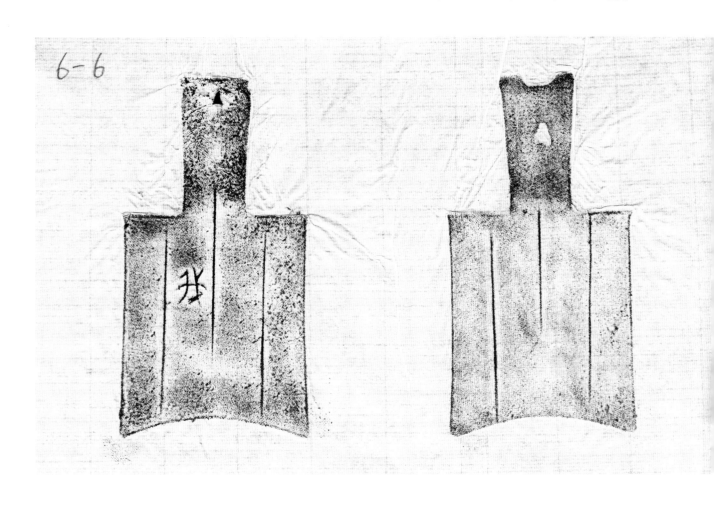

图三十八　"我"字布

标本6-6。通长9.7厘米，身长5.9厘米，肩宽5

厘米，足宽5.1厘米。銎部宽1.8—2.2厘米，

厚1.3厘米，重35.3克

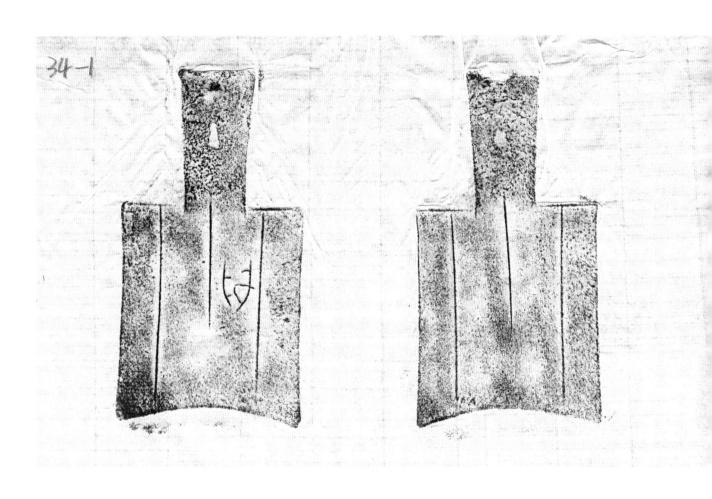

图三十九　　"为"字布

标本34-1。通长9.6厘米，身长5.8厘米，肩宽

5厘米，足宽5厘米。銎部宽1.6—2.1厘米，厚

1.1厘米，重31.9克

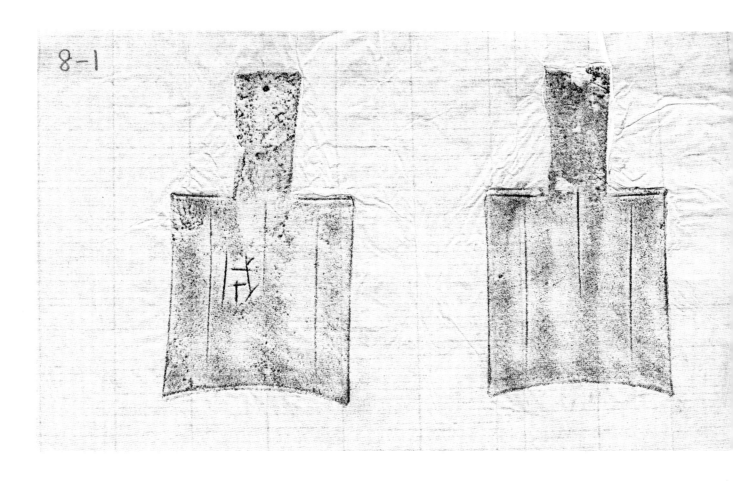

图四十　"成"字布

Ⅰ式，标本8-1。通长9.8厘米，身长5.7厘米，肩宽4.8厘米，足宽5厘米。銎部宽1.2—2厘米，厚1.5厘米，重26.7克

图四十一　　"成"字布

Ⅱ式，标本8-2。通长9.7厘米，身长6厘米，
肩宽4.9厘米，足宽5厘米。銎部宽1.5—2.3厘
米，厚1.3厘米，重29克

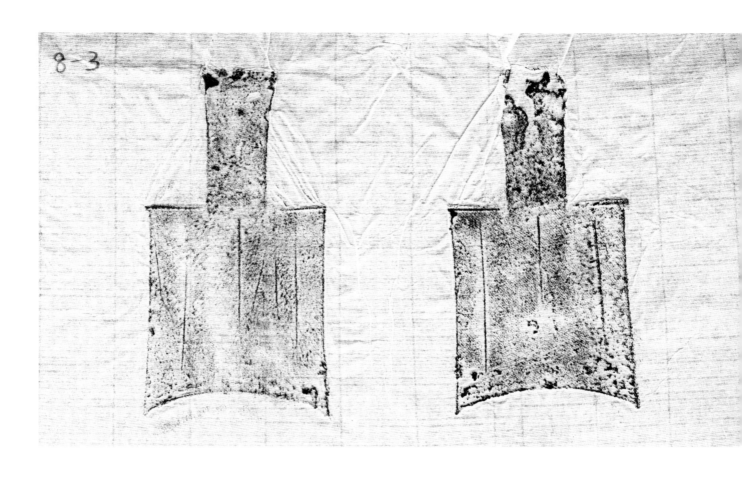

图四十二　"成"字布

Ⅲ式，标本8-3。通长9.6厘米，身长5.7厘
米，肩宽4.6厘米，足宽4.8厘米。銎部宽
1.6—2厘米，厚1.5厘米，重27.1克

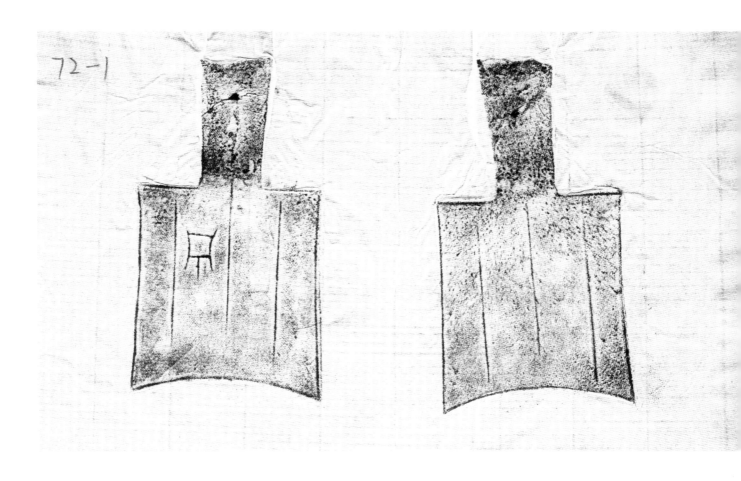

图四十三　"成"字布

Ⅳ式，标本72-1。通长9.6厘米，身长5.9厘
米，肩宽4.8厘米，足宽5.1厘米。銎部宽
1.6—2厘米，厚1.2厘米，重27克

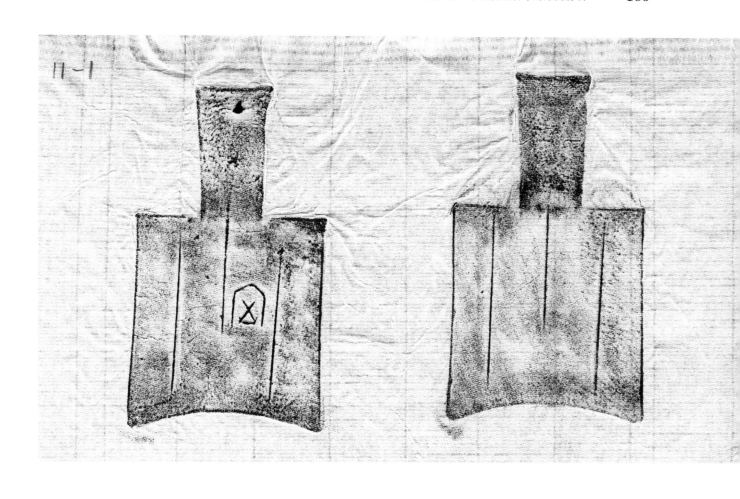

图四十四 "室"字布

I式，标本11-1。通长9.7厘米，身长5.9厘

米，肩宽5厘米，足宽5.1厘米。銎部宽1.7—2

厘米，厚1.3厘米，重37克

图四十五　"室"字布

Ⅱ式，标本11-2。通长9.7厘米，身长6厘米，

肩宽4.9厘米，足宽5.1厘米。銎部宽1.5—2.2

厘米，厚1.2厘米，重32.3克

图四十六　"室"字布

Ⅲ式，标本11-3。通长9.6厘米，身长5.7厘

米，肩宽4.6厘米，足宽4.8厘米。銎部宽

1.6—2厘米，厚1.5厘米，重26.8克

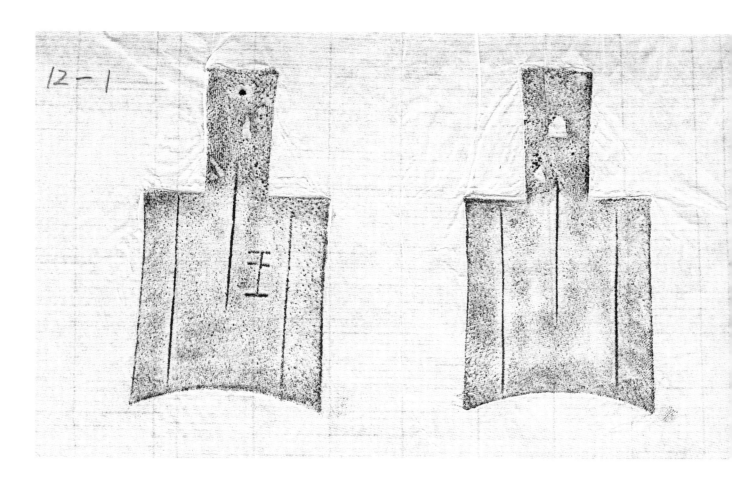

图四十七　　"王"字布

标本12-1。通长9.5厘米，身长5.9厘米，肩宽

4.8厘米，足宽5厘米。銎部宽1.7—2厘米，厚

1.2厘米，重28.8克

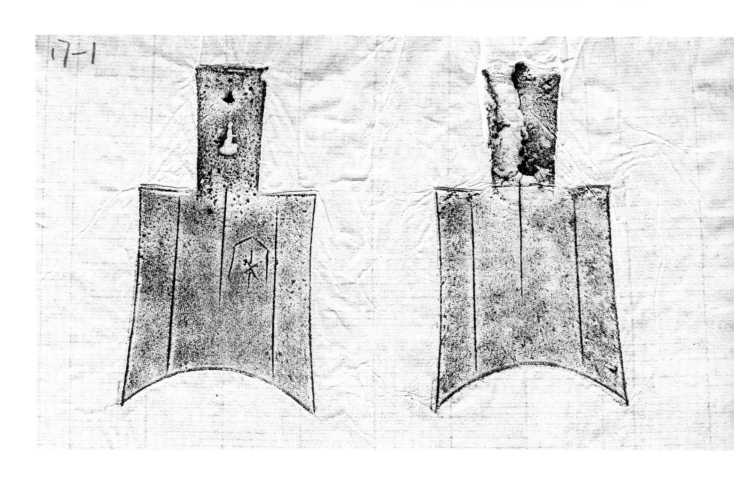

图四十八　"宋"字布

标本17-1。通长9.5厘米，身长6.1厘米，肩宽

4.6厘米，足宽5.2厘米。銎部宽1.6—2厘米，

厚1.2厘米，重24.9克

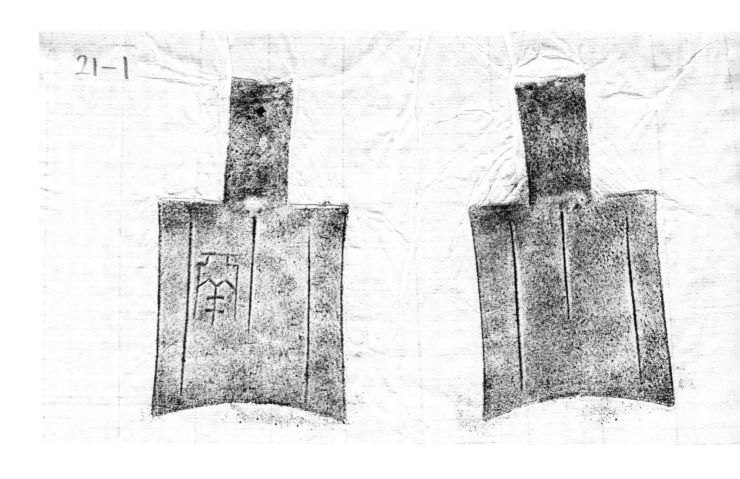

图四十九　"鬲"字布

Ⅰ式，标本21-1。通长9.4厘米，身长5.8厘米，肩宽5厘米，足宽5.1厘米。銎部宽1.7—2.1厘米，厚1.1厘米，重28.4克

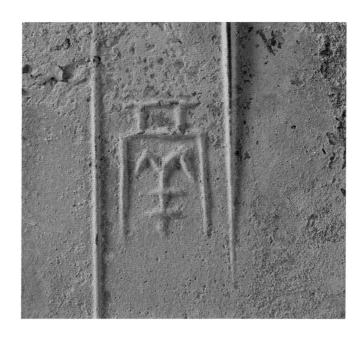

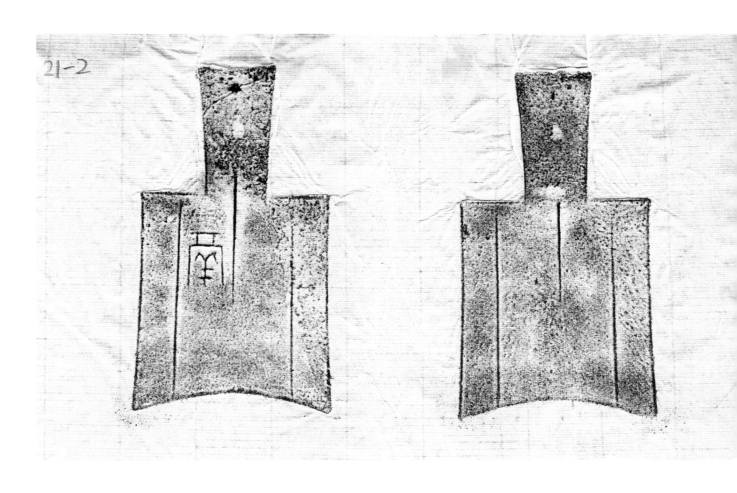

图五十　"鬲"字布

Ⅱ式，标本21-2。通长9.7厘米，身长6厘米，

肩宽5厘米，足宽5.2厘米。銎部宽1.7—2.2厘

米，厚1.3厘米，重33.3克

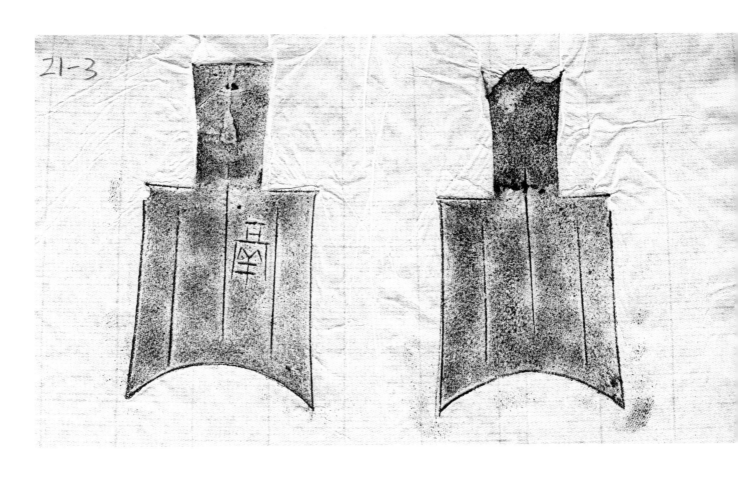

图五十一　"鬲"字布

Ⅲ式，标本21-3。通长9.5厘米，身长6厘米，

肩宽4.5厘米，足宽5厘米。銎部宽1.7—2.2厘

米，厚1.5厘米，重27.2克

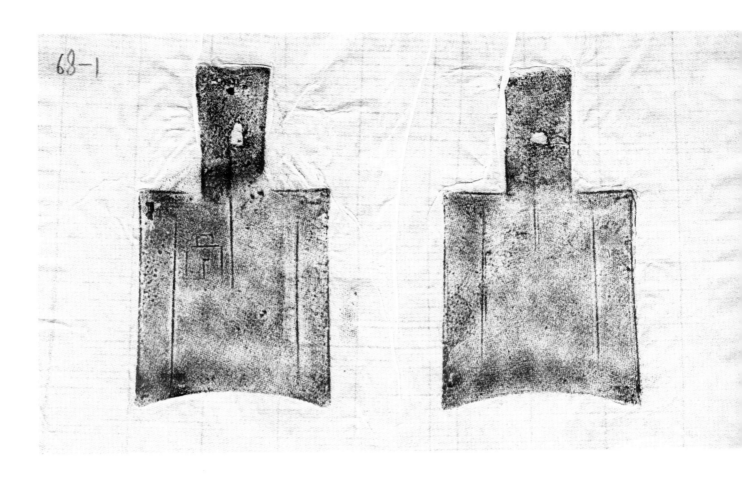

图五十二　"鬲"字布

IV式，标本68-1。通长9.5厘米，身长6厘米，

肩宽4.9厘米，足宽5.2厘米。銎部宽1.7—2厘

米，厚1.2厘米，重29.2克

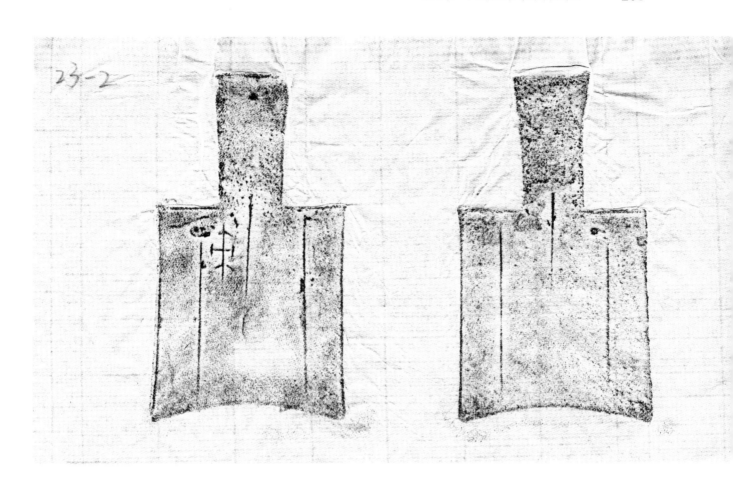

图五十三　"束"字布

标本23-2。通长9.7厘米，身长5.9厘米，肩宽

5厘米，足宽5.2厘米。銎部宽1.7—2.2厘米，

厚1.3厘米，重32.3克

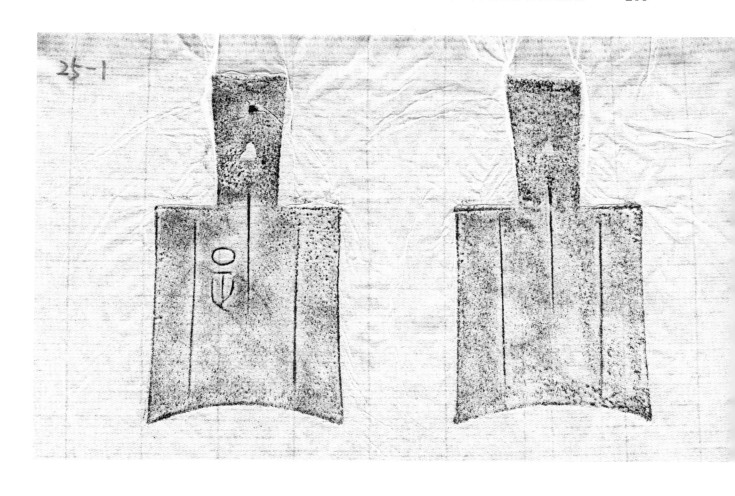

图五十四　"是"字布

I式，标本25-1。通长9.7厘米，身长6厘米，

肩宽4.9厘米，足宽5.2厘米。銎部宽1.7—2.2

厘米，厚1.3厘米，重32.4克

图五十五　　"是"字布

Ⅱ式，标本25-2。通长9.5厘米，身长5.8厘米，肩宽4.9厘米，足宽5.1厘米。銎部宽1.7—2.3厘米，厚1.3厘米，重29.8克

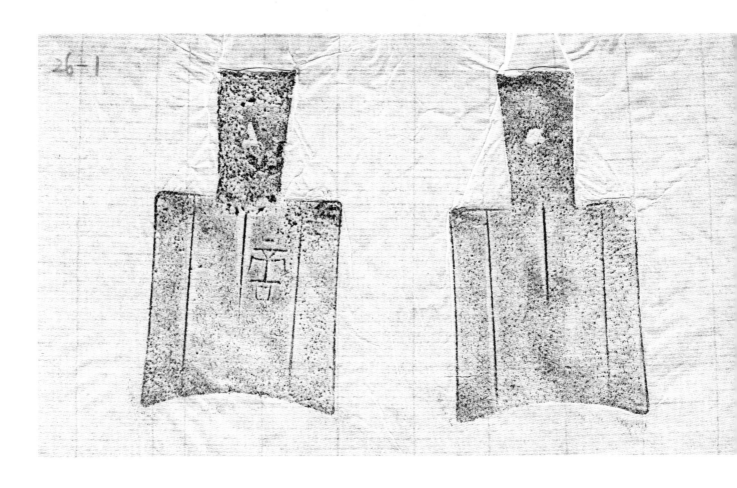

图五十六　"商"字布

标本26-1。通长9.5厘米，身长5.8厘米，肩宽

4.9厘米，足宽5.1厘米。銎部宽1.7—2.2厘

米，厚1.3厘米，重29.8克

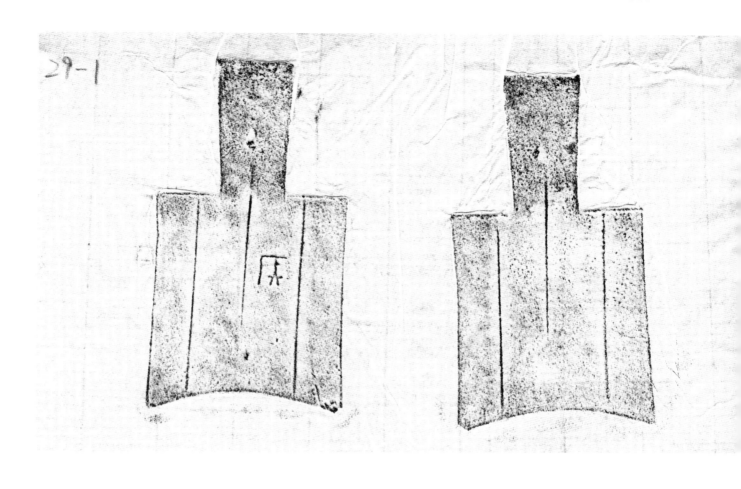

图五十七　"疢"字布

标本29-1。通长9.6厘米，身长5.9厘米，肩宽

5厘米，足宽5.2厘米。銎部宽1.7—2.3厘米，

厚1.3厘米，重33克

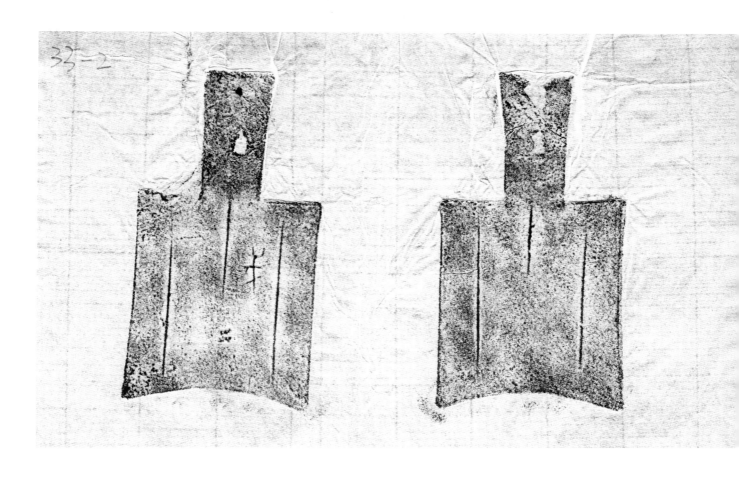

图五十八　"戈"字布

标本33-2。通长9.3厘米，身长5.8厘米，肩宽
4.8厘米，足宽4.9厘米。銎部宽1.6—1.9厘
米，厚1.2厘米，重27.4克

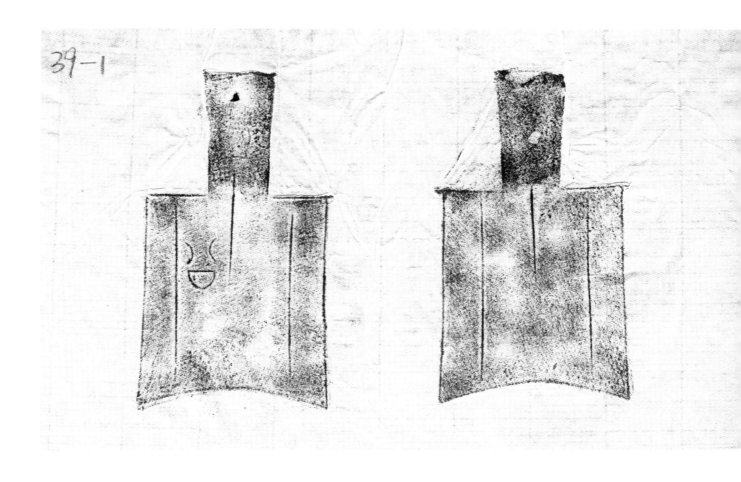

图五十九 "公"字布

标本39-1。通长9.2厘米，身长6厘米，肩宽
4.9厘米，足宽5.1厘米。銎部宽1.6—2.1厘
米，厚1.2厘米，重26.5克

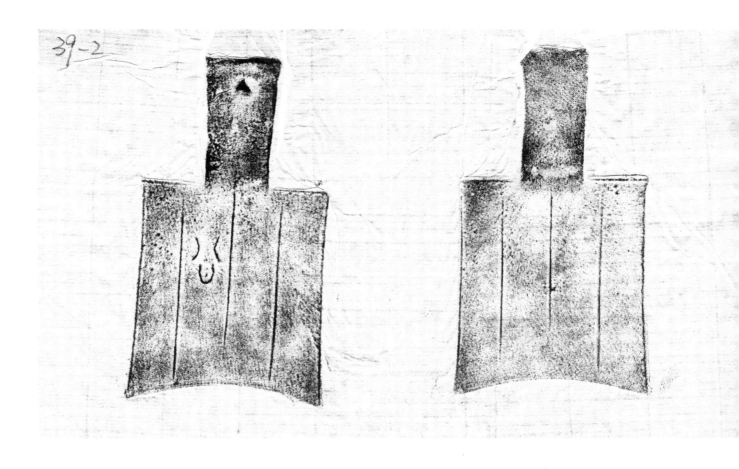

图六十 "仒"字布

Ⅰ式，标本39-2。通长9.6厘米，身长5.9厘米，肩宽4.9厘米，足宽5.2厘米。銎部宽1.7—2.2厘米，厚1.3厘米，重35.1克

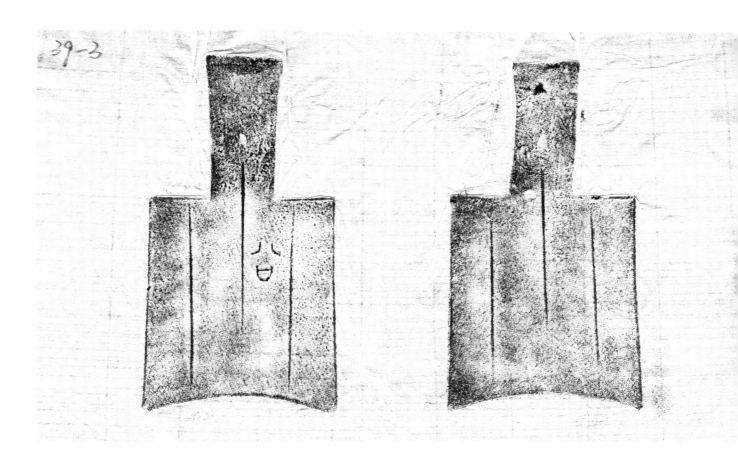

图六十一 "合"字布

II式，标本39-3。通长10厘米，身长5.9厘米，肩宽4.8厘米，足宽5.1厘米。銎部宽1.7—2.2厘米，厚1.4厘米，重34.5克

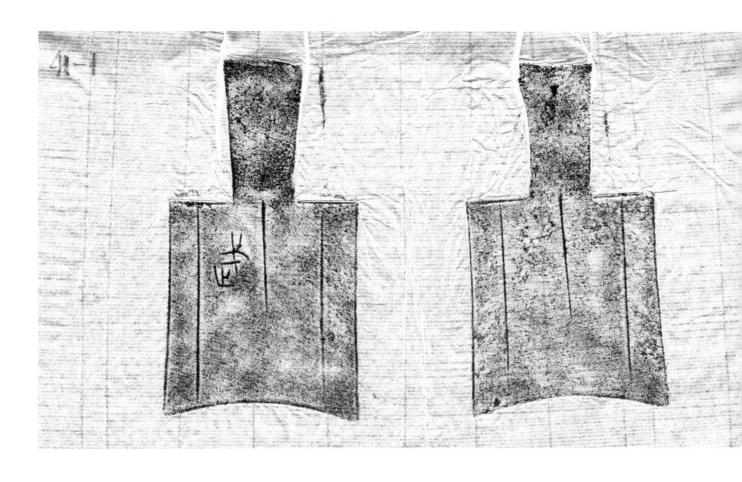

图六十二　"武"字布

标本41-1。通长9.8厘米，身长5.9厘米，肩宽

5厘米，足宽5.2厘米。銎部宽1.7—2.3厘米，

厚1.4厘米，重35.6克

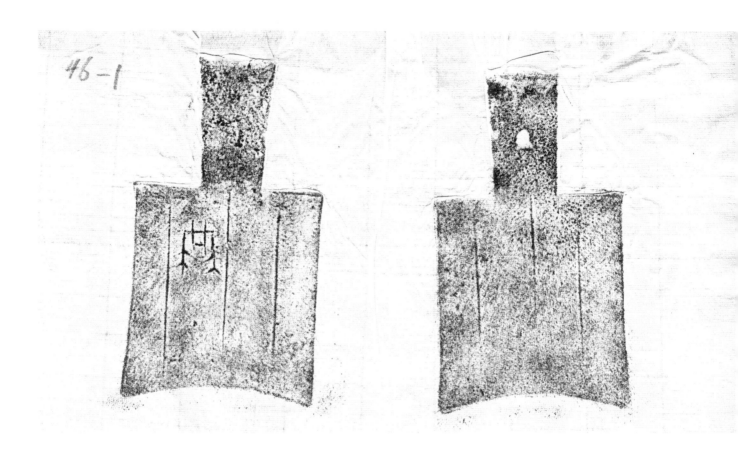

图六十三 "嗌"字布

Ⅰ式，标本46-1。通长9.6厘米，身长5.9厘
米，肩宽4.9厘米，足宽5厘米。銎部宽1.6—
2.1厘米，厚1.2厘米，重30.8克

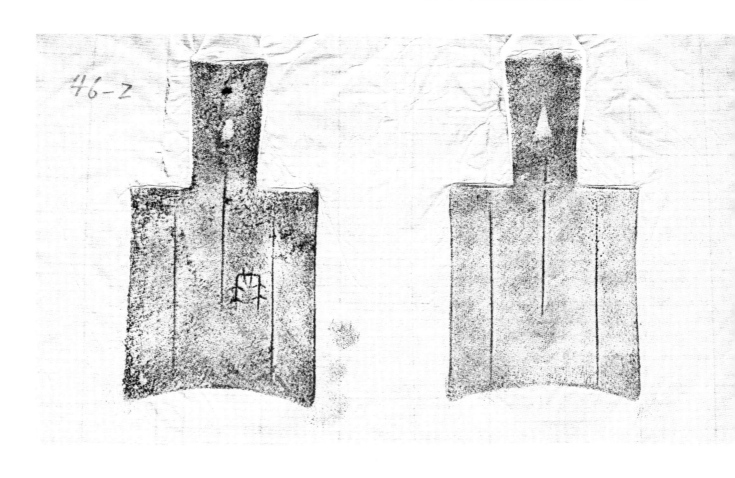

图六十四　"嗌"字布

Ⅱ式，标本46-2。通长9.3厘米，身长5.8

厘米，肩宽4.9厘米，足宽5.1厘米。銎部宽

1.7—2.1厘米，厚1.2厘米，重33.3克

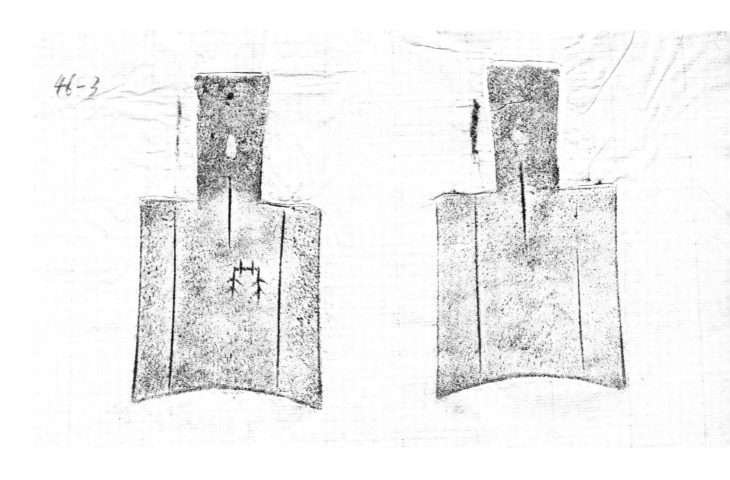

图六十五　"嗌"字布

Ⅲ式，标本46-3。通长9.2厘米，身长5.7厘
米，肩宽4.7厘米，足宽5厘米。銎部宽1.6—2
厘米，厚1.4厘米，重31克

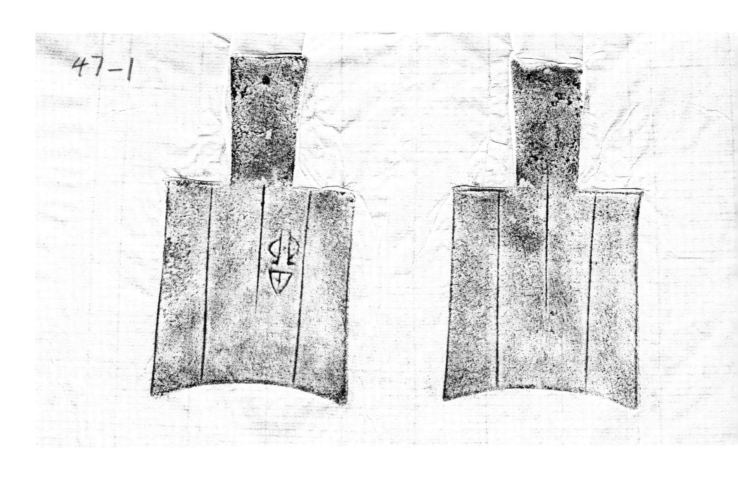

图六十六　"留"字布

标本47-1。通长9.2厘米，身长6.1厘米，肩宽
5厘米，足宽5.2厘米。銎部宽1.6—2.1厘米，
厚1.3厘米，重31克

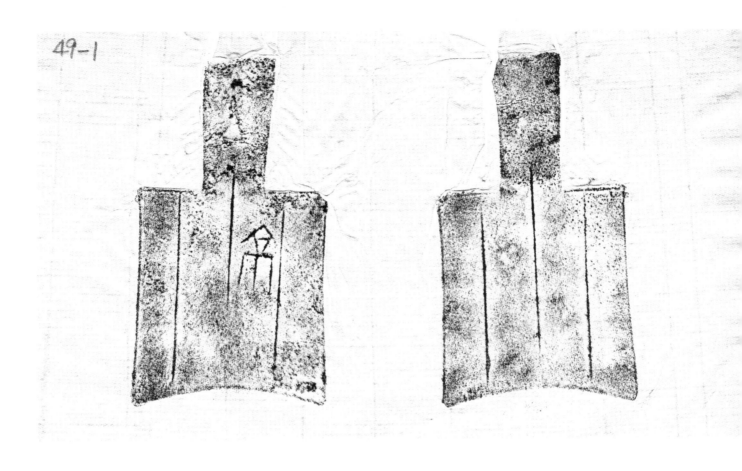

图六十七　"京"字布

I式，标本49-1。通长9.8厘米，身长6厘米，肩宽5厘米，足宽5.1厘米。銎部宽1.6—2厘米，厚1.4厘米，重33.4克

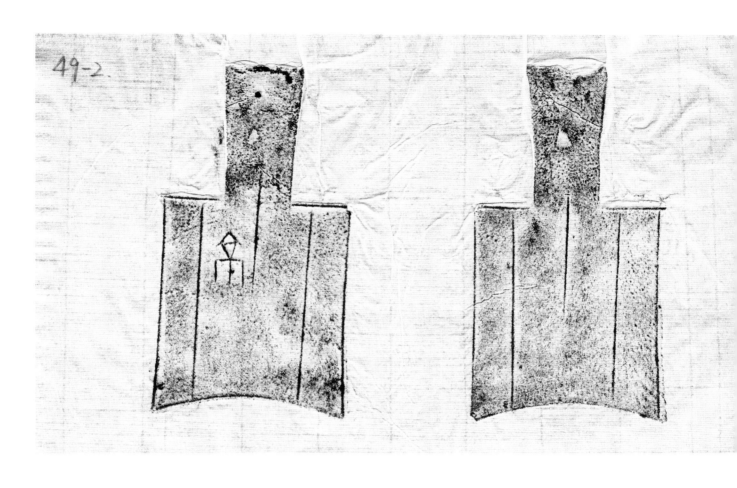

图六十八 "京"字布

II式，标本49-2。通长9.9厘米，身长6厘米，

肩宽4.9厘米，足宽5.1厘米。銎部宽1.7—2.1

厘米，厚1.3厘米，重36.2克

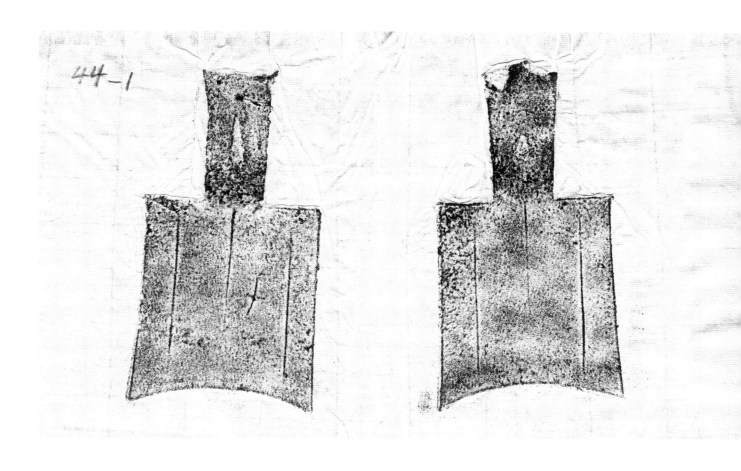

图六十九　　"于"字布

标本44-1。通长9.7厘米，身长5.7厘米，肩宽

4.6厘米，足宽5厘米。銎部宽1.6—2.1厘米，

厚1.4厘米，重27.5克

图七十　"共"字布

标本70-1。通长9.9厘米，身长6厘米，肩宽
4.9厘米，足宽5.1厘米。銎部宽1.6—2.1厘
米，厚1.3厘米，重31.7克

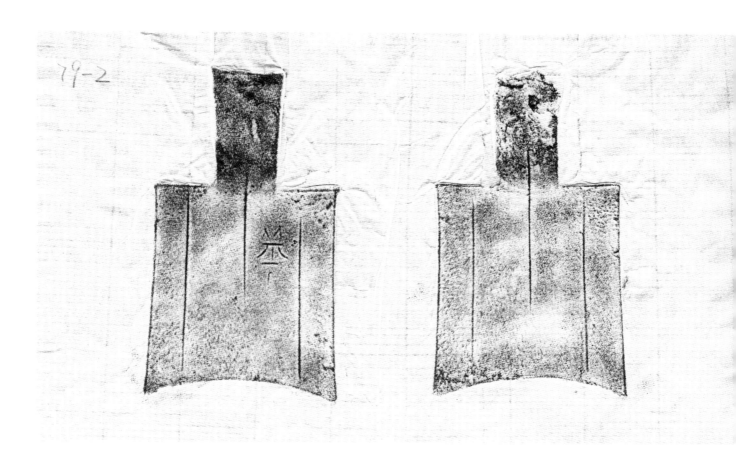

图七十一　"丘"字布

Ⅰ式，标本79-2。通长9.3厘米，身长5.8厘
米，肩宽4.8厘米，足宽5厘米。銎部宽1.7—2
厘米，厚1.3厘米，重22.8克

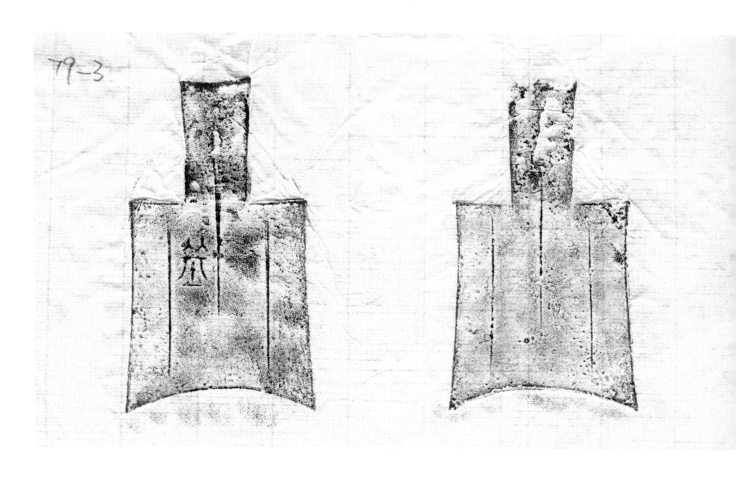

图七十二 "丘"字布

II式，标本79-3。通长9.8厘米，身长5.8厘
米，肩宽4.5厘米，足宽5厘米。銎部宽1.6—2
厘米，厚1.3厘米，重24.3克

图七十三　"宁"字布

标本77-1。通长9.8厘米，身长5.8厘米，肩宽

4.5厘米，足宽5厘米。銎部宽1.6—2厘米，厚

1.3厘米，重24.3克

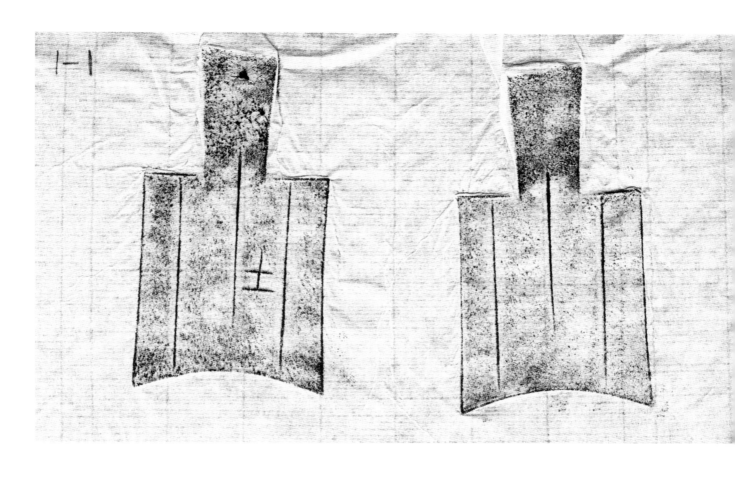

图七十四　"士"字布

Ⅰ式，标本1-1。通长9.5厘米，身长5.9厘米，肩宽4.8厘米，足宽5.1厘米。銎部宽1.6—2.2厘米，厚1.2厘米，重32.3克

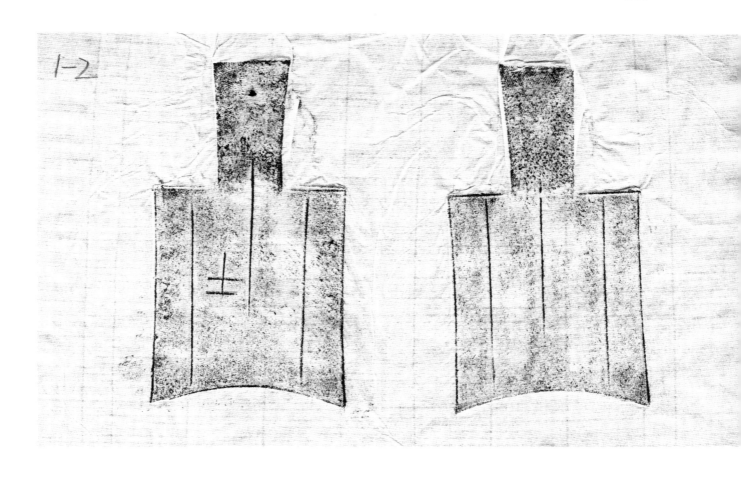

图七十五　"士"字布

Ⅱ式，标本1-2。通长9.5厘米，身长5.9厘米，肩宽5厘米，足宽5.1厘米。銎部宽1.7—2.2厘米，厚1.3厘米，重27.7克

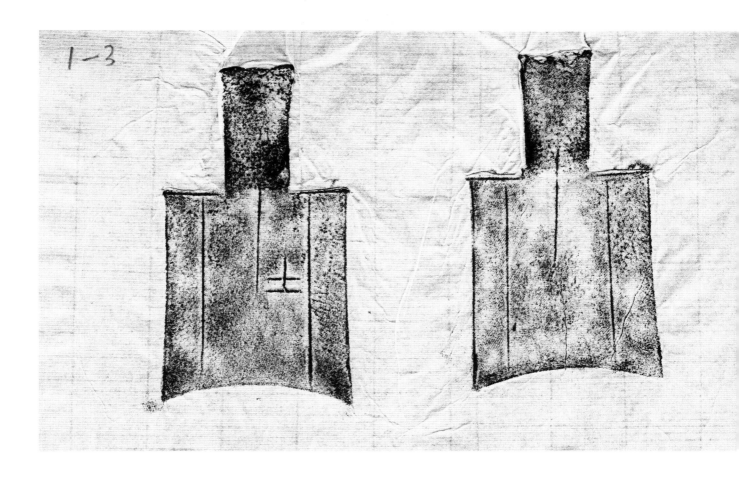

图七十六　"土"字布

Ⅲ式，标本1-3。通长9.4厘米，身长5.8厘
米，肩宽4.8厘米，足宽5厘米。銎部宽1.8—
2.1厘米，厚1.2厘米，重27.8克

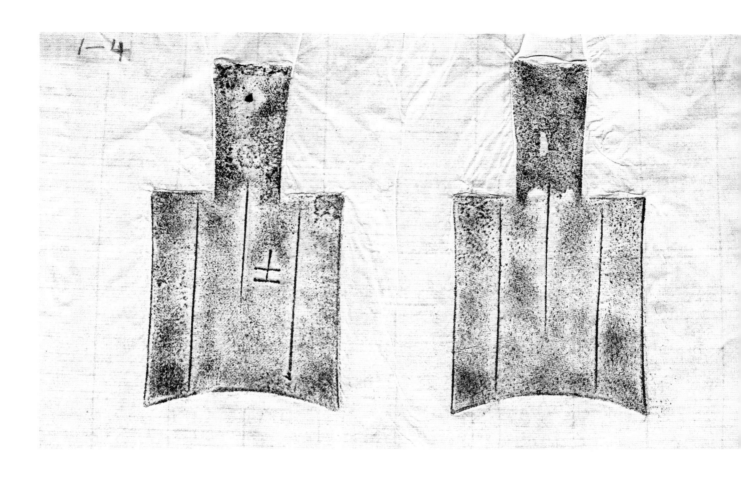

图七十七　　"士"字布

IV式，标本1-4。通长9.7厘米，身长6厘米，

肩宽5厘米，足宽5.2厘米。銎部宽1.7—2.3厘

米，厚1.3厘米，重32.7克

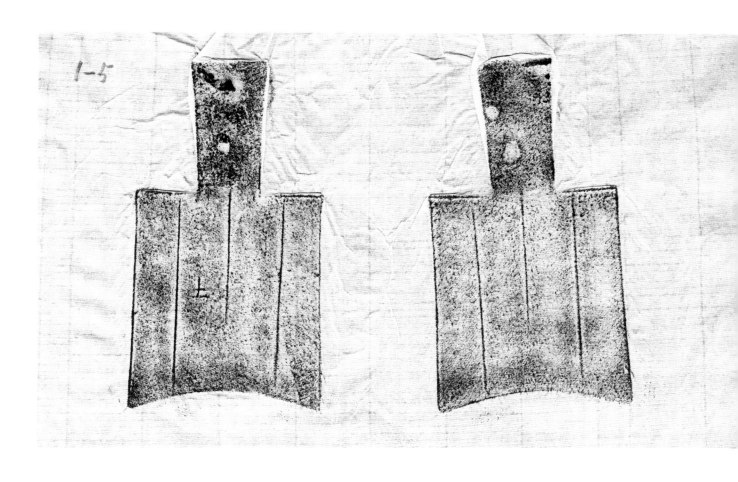

图七十八　"士"字布

Ⅴ式，标本1-5。通长9.6厘米，身长6厘米，

肩宽5厘米，足宽5.1厘米。銎部宽1.7—2.2厘

米，厚1.3厘米，重36.5克

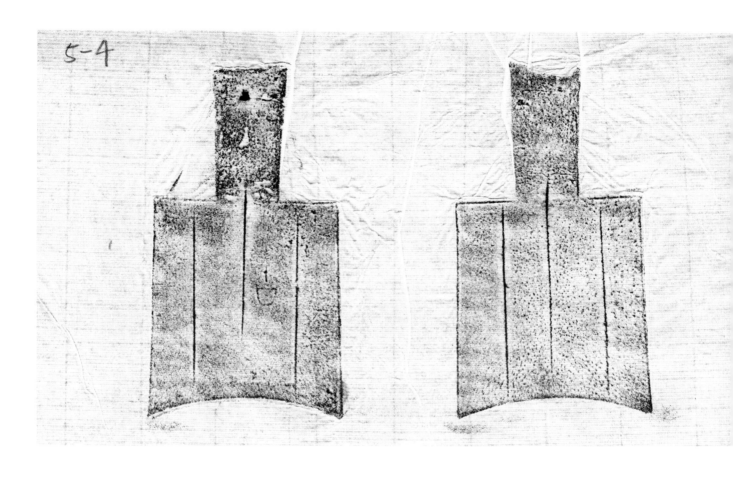

图七十九　"由"字布

标本5-4。通长9.9厘米，身长6.1厘米，肩宽5.2厘米，足宽4.9厘米。銎部宽1.8—2.1厘米，厚1.3厘米，重32.8克

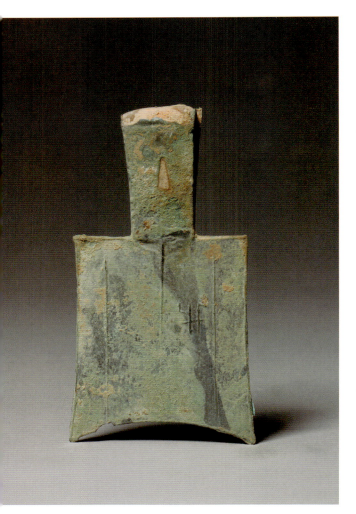

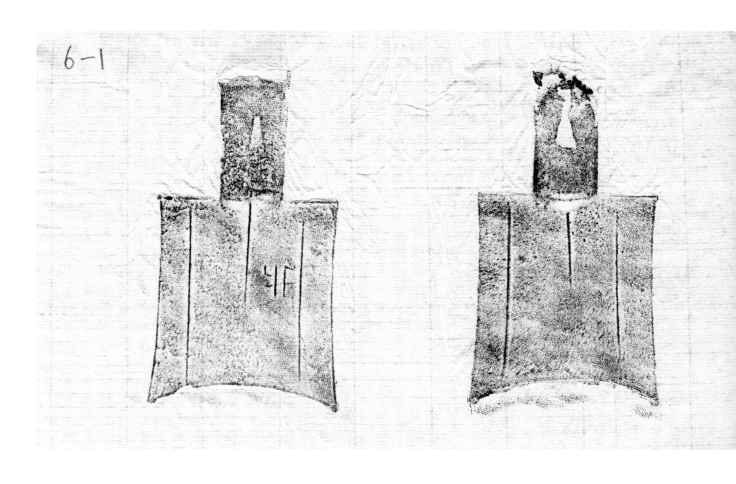

图八十　"伐"字布

Ⅰ式，标本6-1。通长9.5厘米，身长5.8厘米，肩宽5厘米，足宽5厘米。銎部宽1.7—2厘米，厚1.2厘米，重25.4克

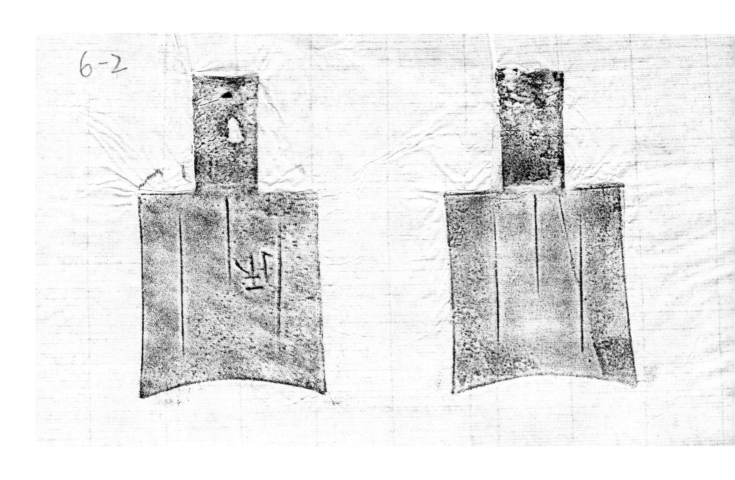

图八十一　"伐"字布

Ⅱ式，标本6-2。通长9厘米，身长5.6厘米，

肩宽4.7厘米，足宽5厘米。銎部宽1.6—2.1厘

米，厚1.2厘米，重25.7克

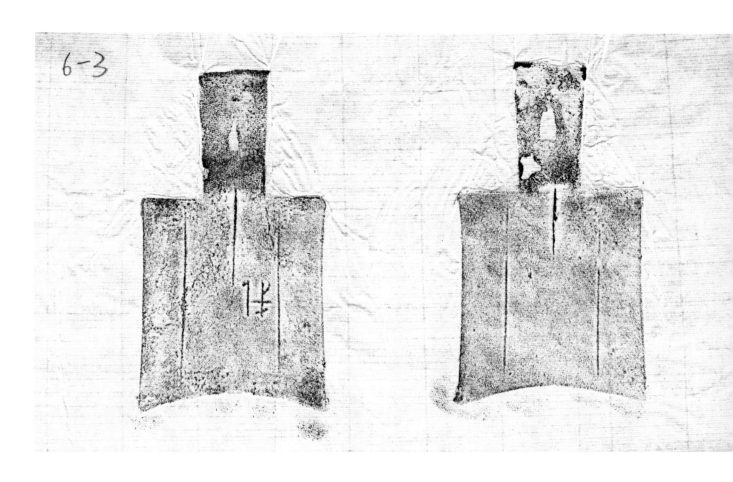

图八十二 "伐"字布

Ⅲ式，标本6-3。通长9.5厘米，身长5.9厘米，肩宽4.9厘米，足宽5.1厘米。銎部宽1.6—2厘米，厚1.2厘米，重26.3克

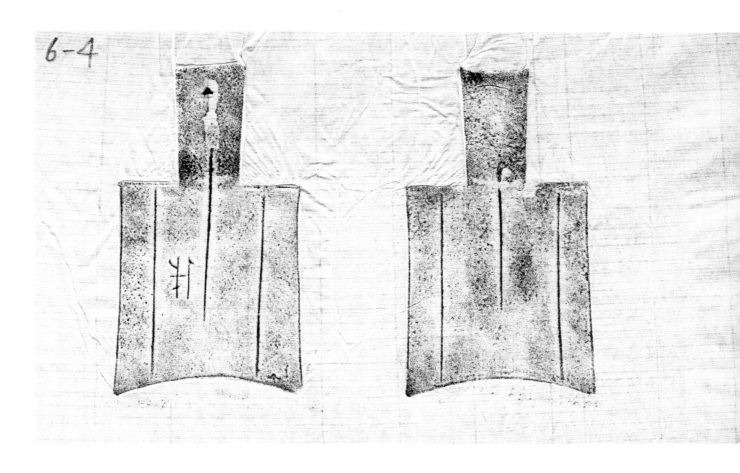

图八十三 "伐"字布

IV式，标本6-4。通长9厘米，身长5.7厘米，

肩宽4.8厘米，足宽5厘米。銎部宽1.6—2厘

米，厚1.1厘米，重26.8克

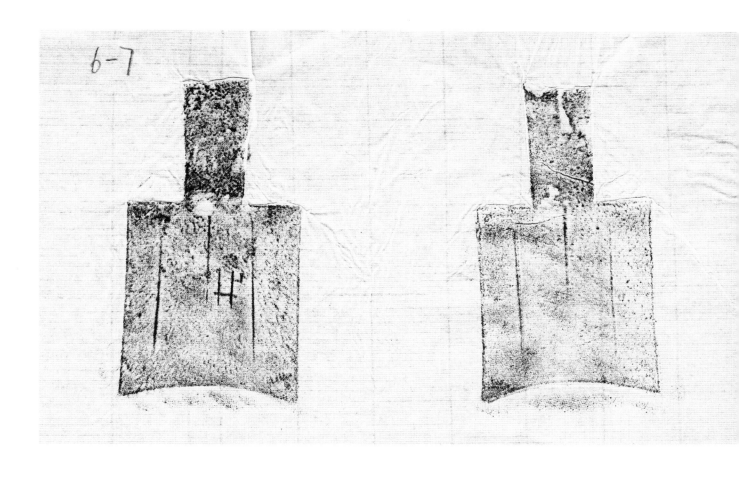

图八十四 "伐"字布

V式，标本6-7。通长9厘米，身长5.7厘米，

肩宽4.8厘米，足宽5厘米。銎部宽1.6—2厘

米，厚1.1厘米，重26.8克

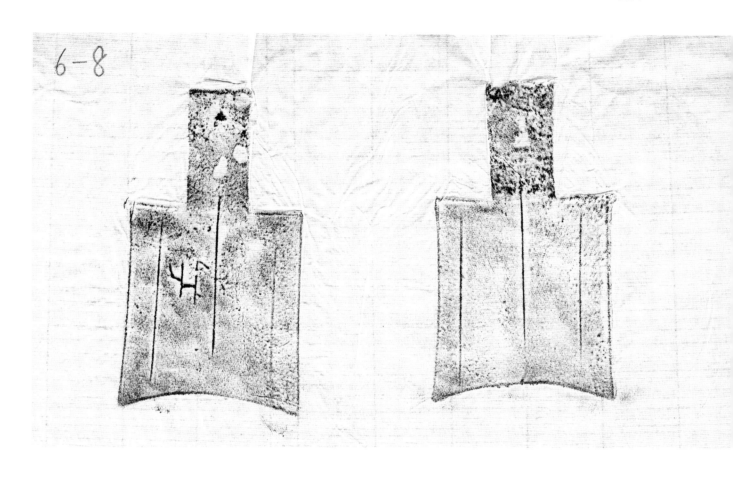

图八十五 "伐"字布

VI式，标本6-8。通长9厘米，身长5.7厘米，

肩宽4.8厘米，足宽5厘米。銎部宽1.6—2厘

米，厚1.1厘米，重26.8克

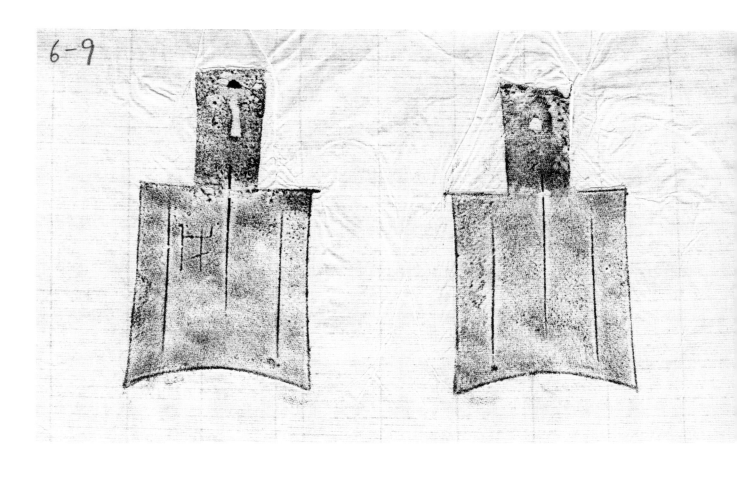

图八十六 "伐"字布

VII式，标本6-9。通长9厘米，身长5.6厘米，

肩宽4.6厘米，足宽4.9厘米。銎部宽1.7—2厘

米，厚1.2厘米，重23.8克

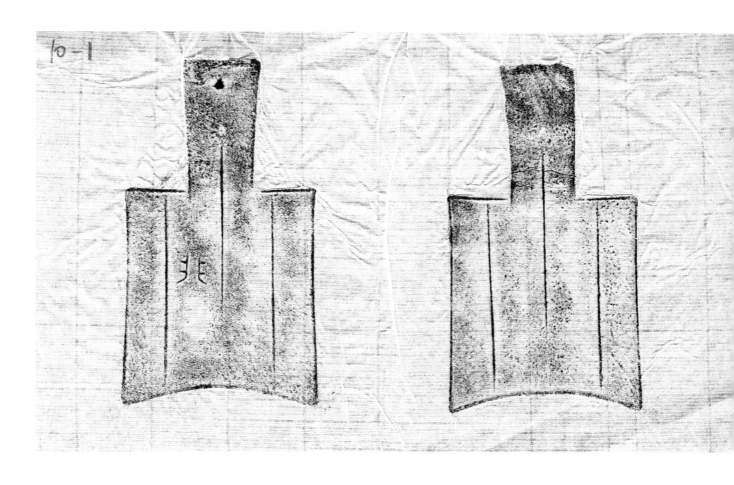

图八十八　"非"字布

标本10-1。通长9.8厘米，身长5.9厘米，肩宽
4.9厘米，足宽5.1厘米。銎部宽1.7—2.1厘
米，厚1.3厘米，重32.8克

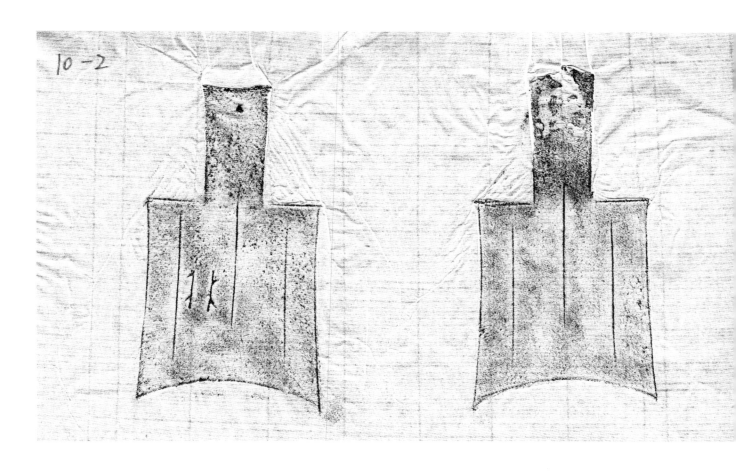

图八十九 "析"字布

标本10-2。通长9.2厘米，身长5.8厘米，肩宽4.5厘米，足宽4.7厘米。銎部宽1.6—1.8厘米，厚1.4厘米，重24克

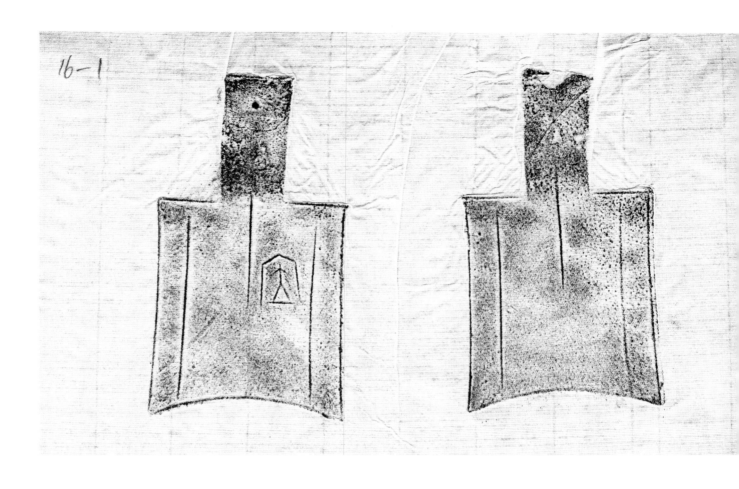

图九十　"应"字布

Ⅰ式，标本16-1。通长9.6厘米，身长6厘米，

肩宽4.9厘米，足宽5.1厘米。銎部宽1.6—2厘

米，厚1.3厘米，重28.5克

图九十一 "厐"字布

Ⅱ式，标本16-2。通长9.5厘米，身长5.8厘

米，肩宽4.8厘米，足宽5厘米。銎部宽1.5—2

厘米，厚1.3厘米，重30.9克

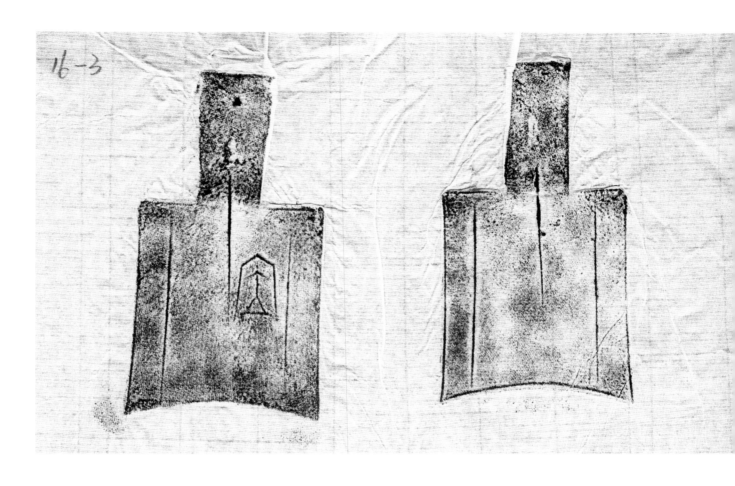

图九十二　"庅"字布

Ⅲ式，标本16-3。通长9.6厘米，身长5.9厘米，肩宽4.8厘米，足宽5.1厘米。銎部宽1.7—2厘米，厚1.3厘米，重30.2克

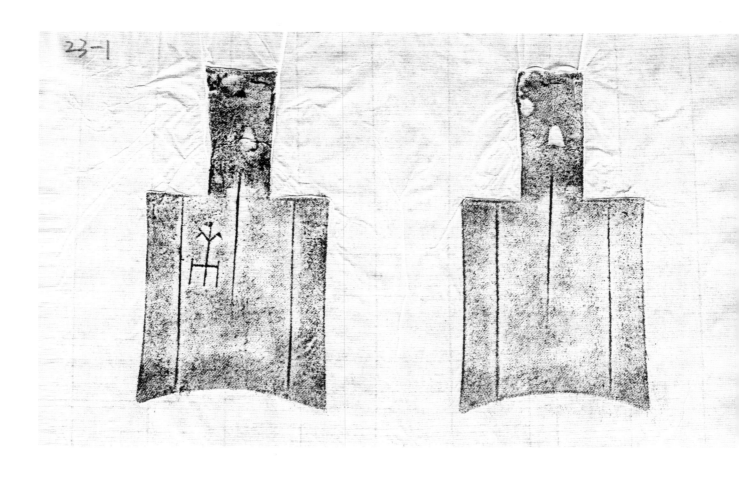

图九十三　"朱"字布

标本23-1。币文位于币面左侧上部，金文。通长9.5厘米，身长5.8厘米，肩宽4.8厘米，足宽5厘米。銎部宽1.7—2.1厘米，厚1.3厘米，重28.1克

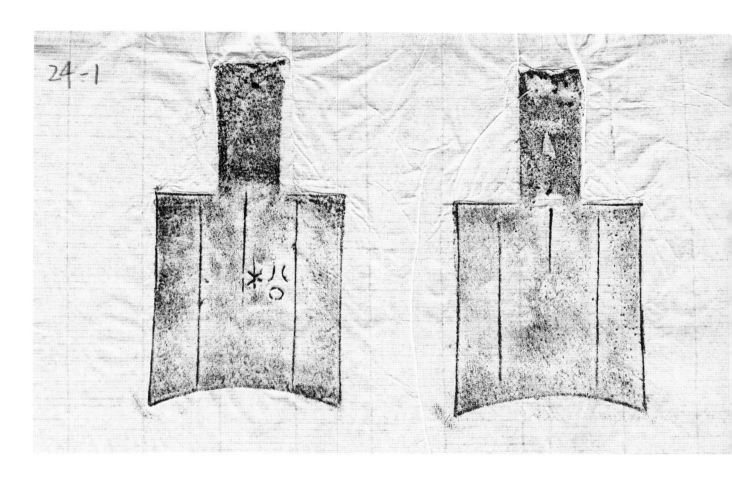

图九十四 "松"字布

Ⅰ式，标本24-1。通长9.8厘米，身长5.9厘米，肩宽5厘米，足宽5.1厘米。銎部宽1.7—2.3厘米，厚1.4厘米，重31.2克

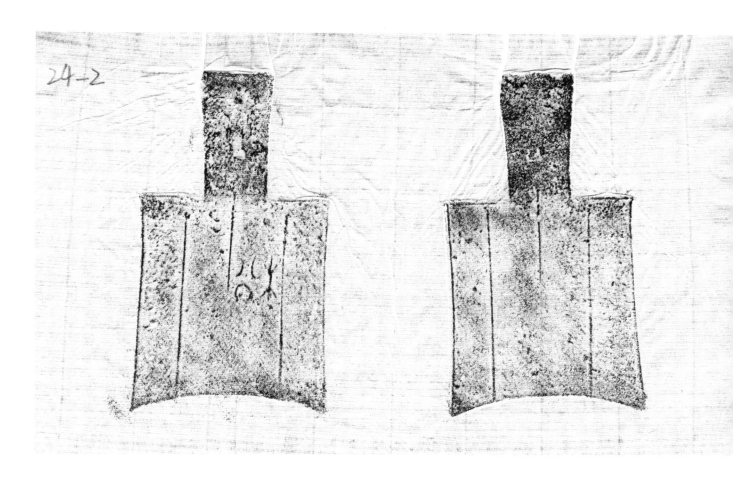

图九十五　"松"字布

Ⅱ式，标本24-2。通长9.5厘米，身长5.9厘米，肩宽5厘米，足宽5.1厘米。銎部宽1.7——2.2厘米，厚1.3厘米，重31.8克

图九十六　"松"字布

Ⅲ式，标本24-3。通长9.6厘米，身长6厘米，

肩宽5.1厘米，足宽5.2厘米。銎部宽1.6—2.2

厘米，厚1.3厘米，重30.4克

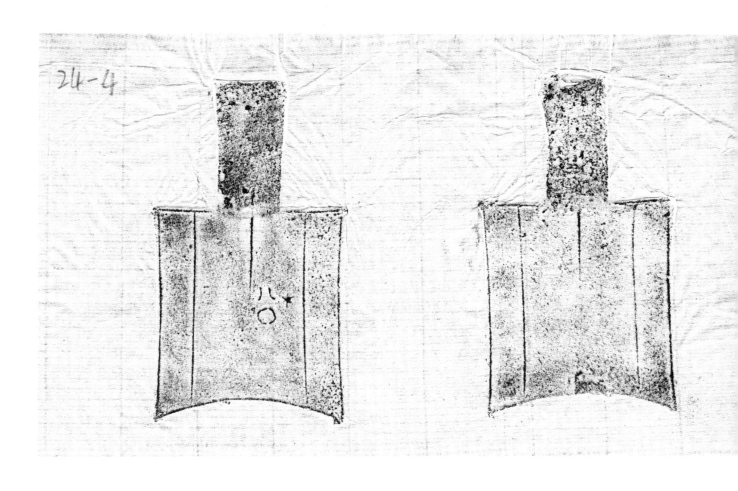

图九十七　"松"字布

Ⅳ式，标本24-4。通长9.3厘米，身长5.9厘
米，肩宽5厘米，足宽5厘米。銎部宽1.7—2.2
厘米，厚1.4厘米，重28.8克

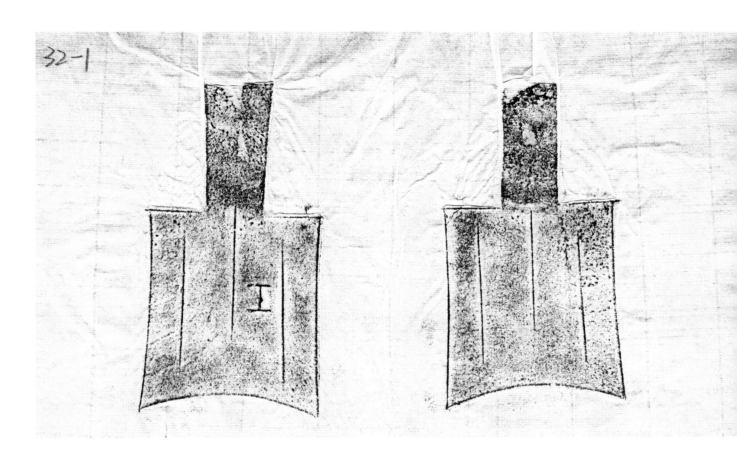

图九十八　"工"字布

标本32-1。通长9厘米，身长5.6厘米，肩宽
4.5厘米，足宽4.7厘米。銎部宽1.5—2厘米，
厚1.4厘米，重21.9克

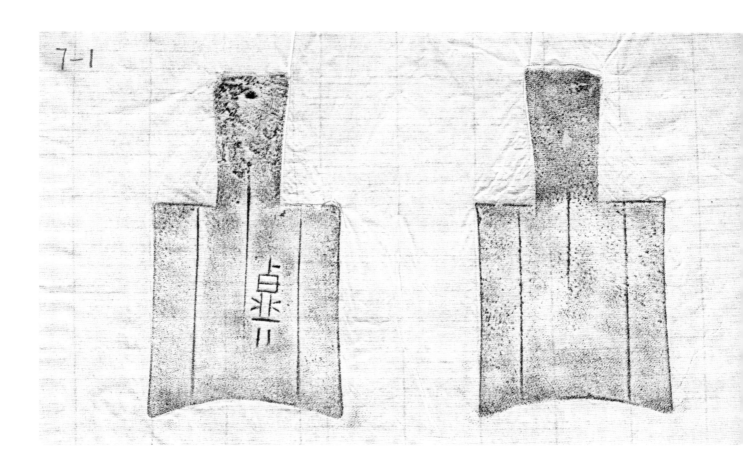

图九十九 "真"字布

Ⅰ式，标本7-1。通长9厘米，身长5.6厘米，
肩宽4.7厘米，足宽5厘米。銎部宽1.6—2厘
米，厚1.2厘米，重25.7克

图一〇〇　"真"字布

Ⅱ式，标本7-2。通长9.5厘米，身长5.9厘米，肩宽4.9厘米，足宽5.1厘米。銎部宽1.6—2厘米，厚1.2厘米，重26.3克

图一〇一　"窒"字布。

标本35-1。通长9.5厘米，身长5.8厘米，肩宽

4.9厘米，足宽5厘米。銎部宽1.5—1.9厘米，

厚1.2厘米，重30.2克

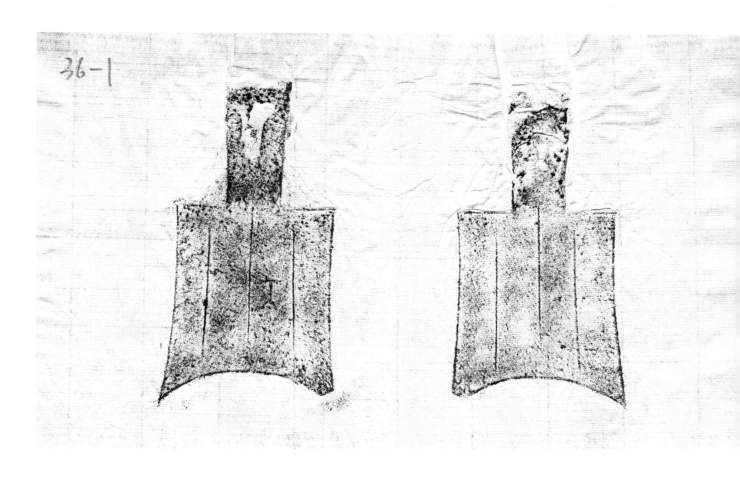

图一〇二　"大"字布

标本36-1。通长9.3厘米，身长5.6厘米，肩宽4.1厘米，足宽4.6厘米。銎部宽1.4—1.8厘米，厚1.4厘米，重21.1克

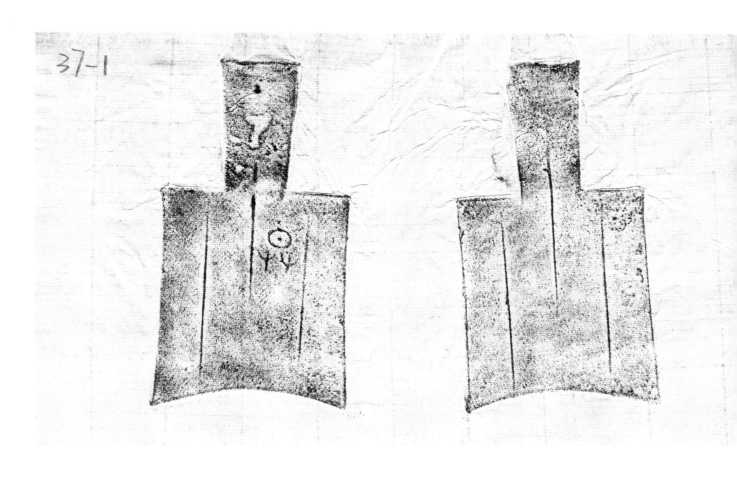

图一〇三　　"昇"字布

标本37-1。通长9.8厘米，身长6厘米，肩宽

4.9厘米，足宽5.1厘米。銎部宽1.5—2.1厘

米，厚1.3厘米，重28.2克

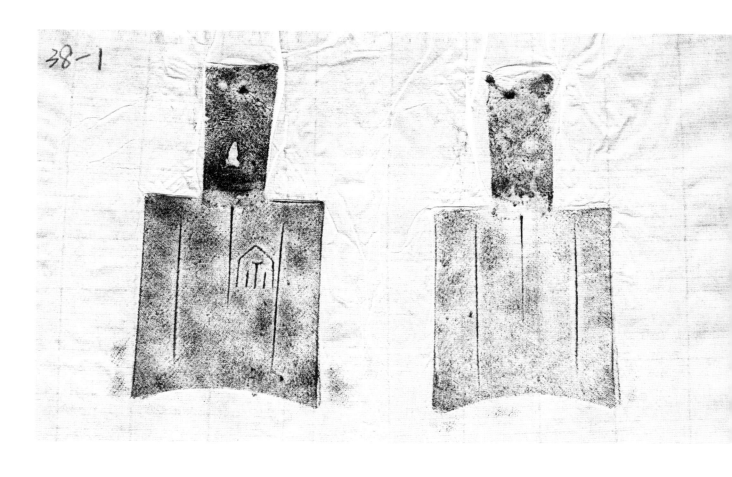

图一〇四 "宗"字布

Ⅰ式，标本38-1。通长9厘米，身长5.6厘米，肩宽4.7厘米，足宽5厘米。銎部宽1.6—2.2厘米，厚1.2厘米，重26.5克

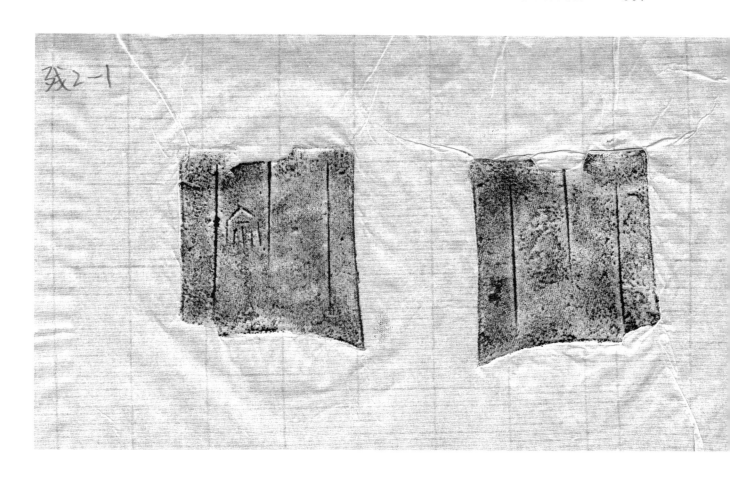

图一〇五 "宗"字布

Ⅱ式，标本残2-1。身长5.6厘米，肩宽4.5厘

米，残重8.5克

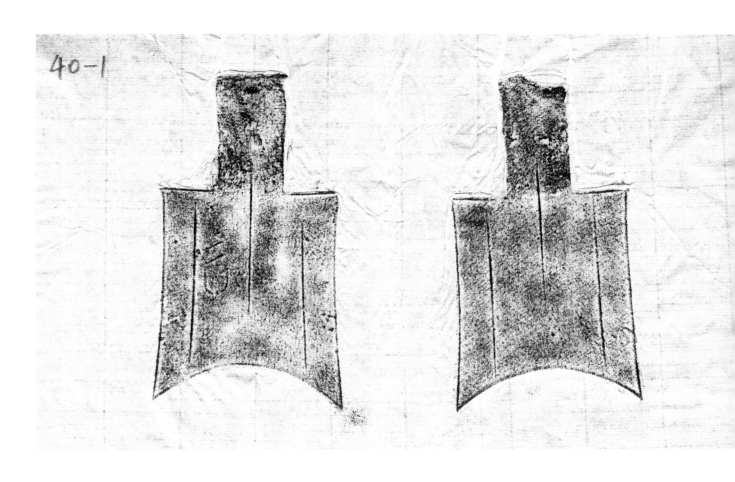

图一〇六　　"冶"字布

标本40-1。通长9.3厘米，身长5.9厘米，肩宽

4.7厘米，足宽5厘米。銎部宽1.7—2.1厘米，

厚1.4厘米，重24.2克

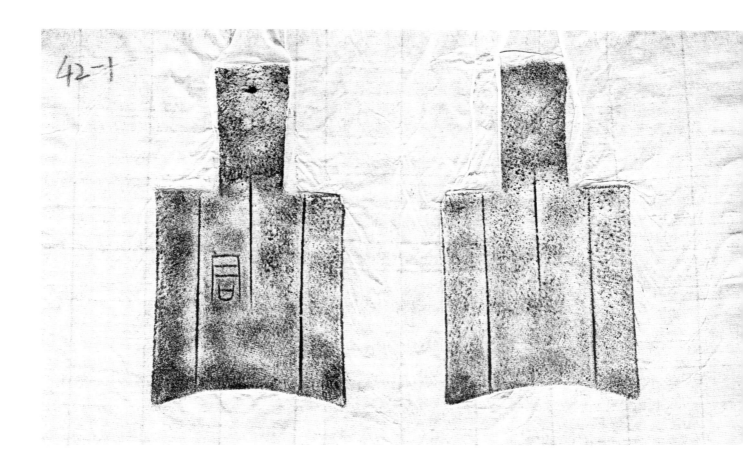

图一○七 "君"字布

Ⅰ式，标本42-1。通长9.6厘米，身长5.8厘

米，肩宽5厘米，足宽5.1厘米。銎部宽1.7—

2.2厘米，厚1.3厘米，重32.8克

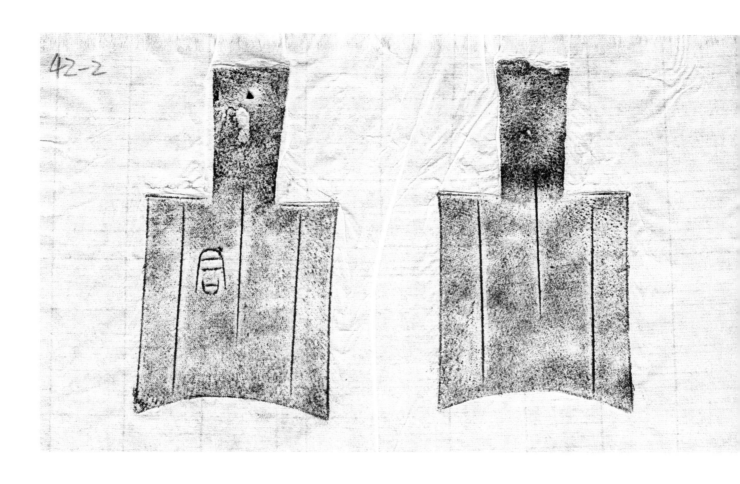

图一〇八 "君"字布

Ⅱ式，标本42-2。通长9.8厘米，身长6厘米，

肩宽5厘米，足宽5.2厘米。銎部宽1.7—2.3厘

米，厚1.4厘米，重34.4克

图一○九　"斗"字布

标本43-1。通长9.6厘米，身长5.9厘米，肩宽

4.9厘米，足宽5厘米。銎部宽1.6—2.1厘米，

厚1.4厘米，重27.7克

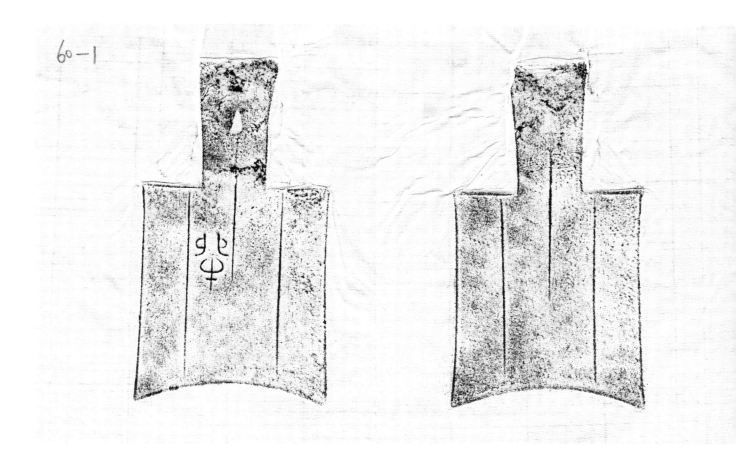

图一一〇　"牢"字布

标本60-1。通长9.6厘米，身长6厘米，肩宽

4.9厘米，足宽5厘米。銎部宽1.7—2.1厘米，

厚1.2厘米，重30.2克

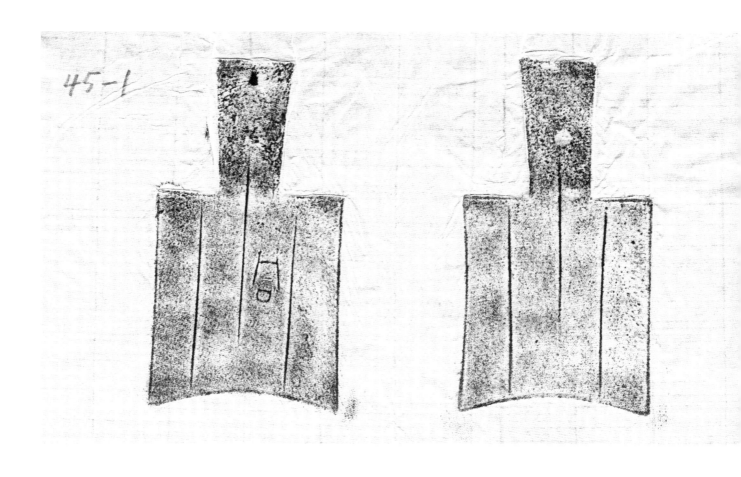

图一一一 "同"字布

标本45-1。通长9.9厘米，身长6厘米，肩宽5

厘米，足宽5厘米。銎部宽1.6—2.2厘米，厚

1.3厘米，重32.6克

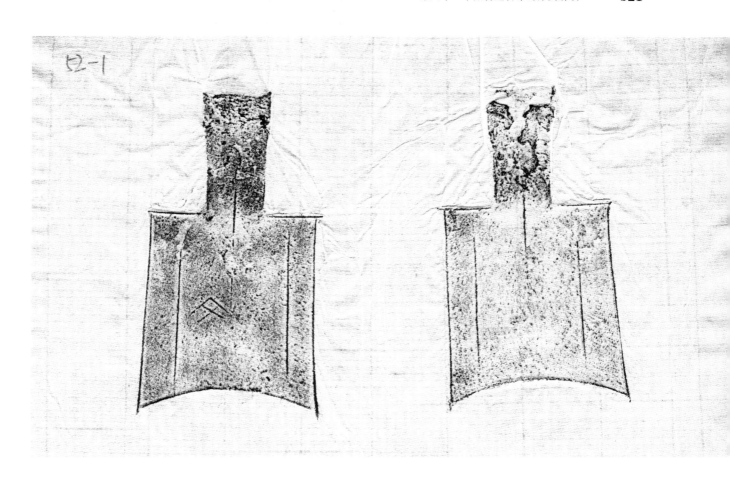

图一一二　"文"字布

标本52-1。通长9.6厘米，身长5.9厘米，肩宽

4.8厘米，足宽4.4厘米。銎部宽1.6—1.9厘

米，厚1.4厘米，重21.9克

图一一三　"贸"字布

Ⅰ式，标本58-1。通长9.6厘米，身长6厘米，
肩宽4.9厘米，足宽5.1厘米。銎部宽1.6—2.1
厘米，厚1.3厘米，重31克

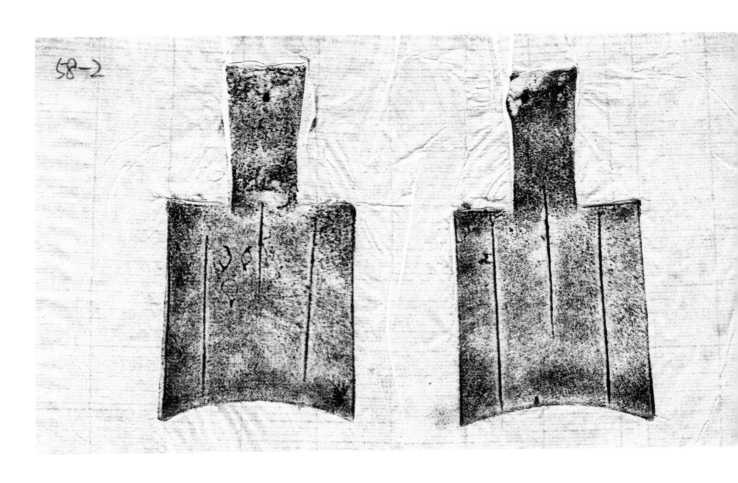

图一一四 "贸"字布

Ⅱ式，标本58-2。通长10厘米，身长6.1厘
米，肩宽4.9厘米，足宽5.2厘米。銎部宽
1.7—2厘米，厚1.2厘米，重32.5克

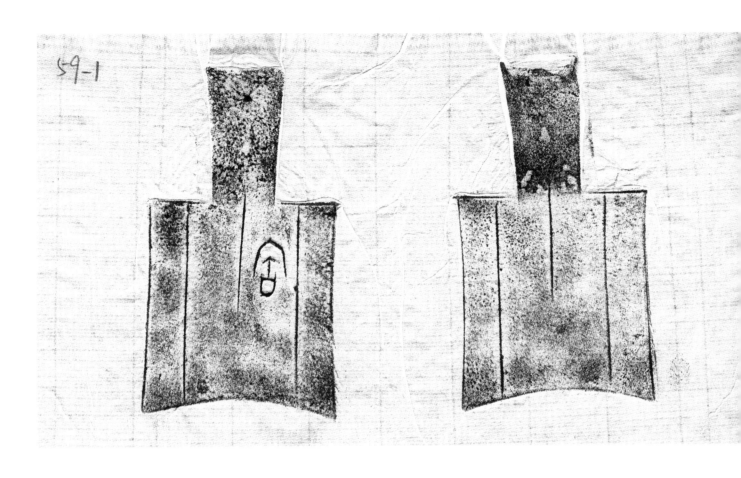

图一一五　"宝"字布

I式，标本59-1。通长9.7厘米，身长6厘米，

肩宽5厘米，足宽5.2厘米。銎部宽1.7—2.2厘

米，厚1.3厘米，重34.4克

图一一六　"宝"字布

Ⅱ式，标本78-1。通长9.7厘米，身长5.9厘米，肩宽5厘米，足宽5.2厘米。銎部宽1.6—2.1厘米，厚1.2厘米，重31克

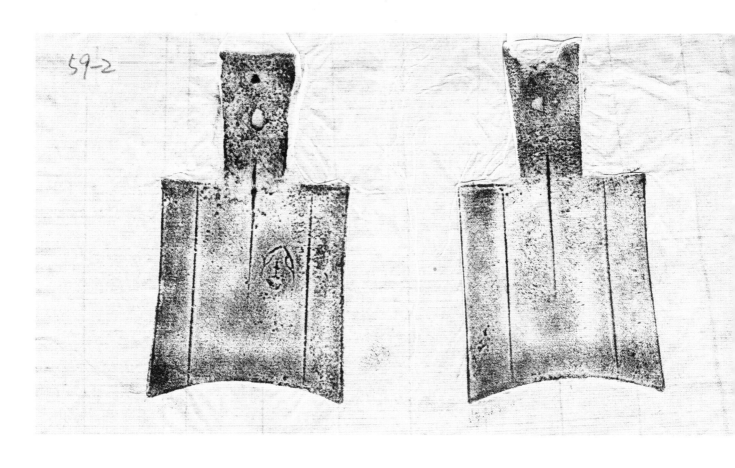

图一一七 "岫"字布

标本59-2。通长9.9厘米，身长6厘米，肩宽
4.9厘米，足宽5.2厘米。銎部宽1.6—2厘米，
厚1.3厘米，重30.7克

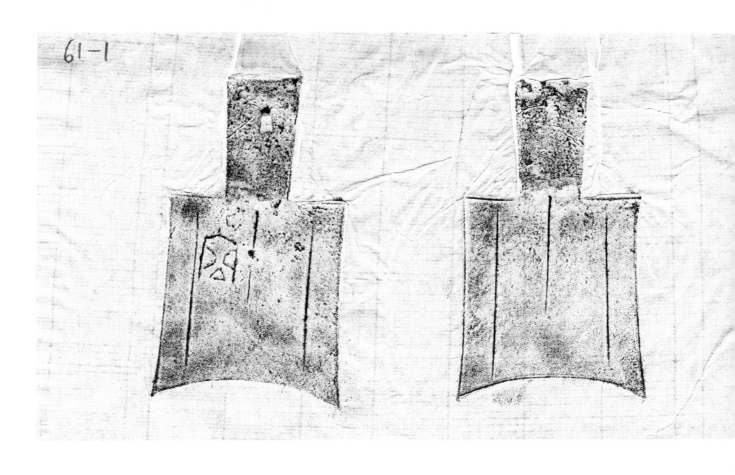

图一一八 "容"字布

标本61-1。通长9.1厘米，身长5.6厘米，肩宽
4.6厘米，足宽5厘米。銎部宽1.7—2厘米，厚
1.2厘米，重24.1克

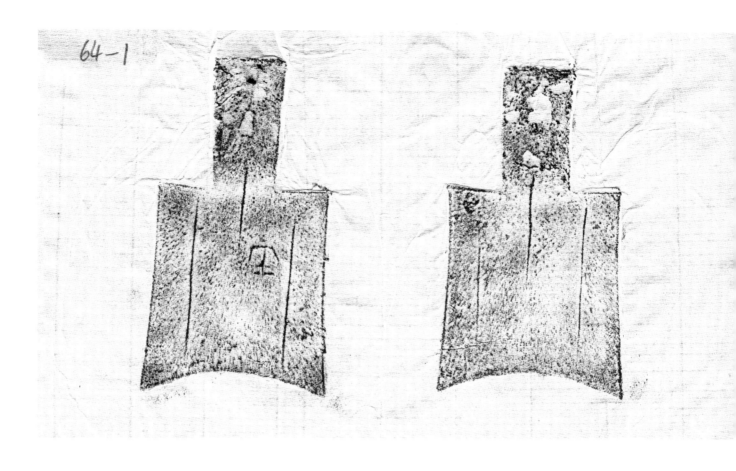

图一一九 "壬"字布

标本64-1。通长9.5厘米，身长5.7厘米，肩宽
4.4厘米，足宽4.9厘米。銎部宽1.7—2.1厘
米，厚1.3厘米，重27.4克

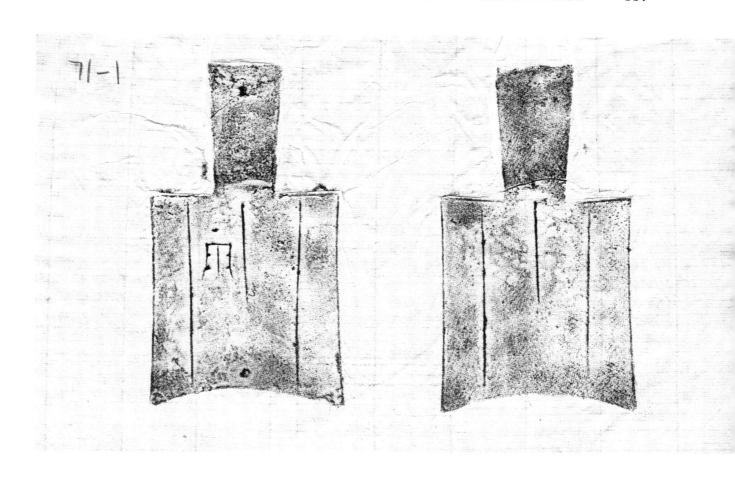

图一二○　"雨"字布

标本71-1。通长9.6厘米，身长5.8厘米，肩宽

5厘米，足宽5.1厘米。銎部宽1.6—2.1厘米，

厚1.3厘米，重33.8克

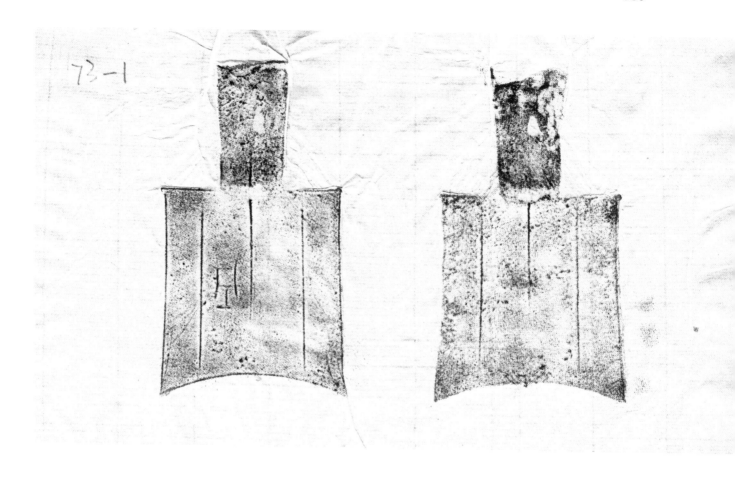

图一二一　"城"字布

Ⅰ式，标本73-1。通长9.7厘米，身长5.8厘
米，肩宽4.7厘米，足宽5厘米。銎部宽1.6—
2.1厘米，厚1.4厘米，重27.7克

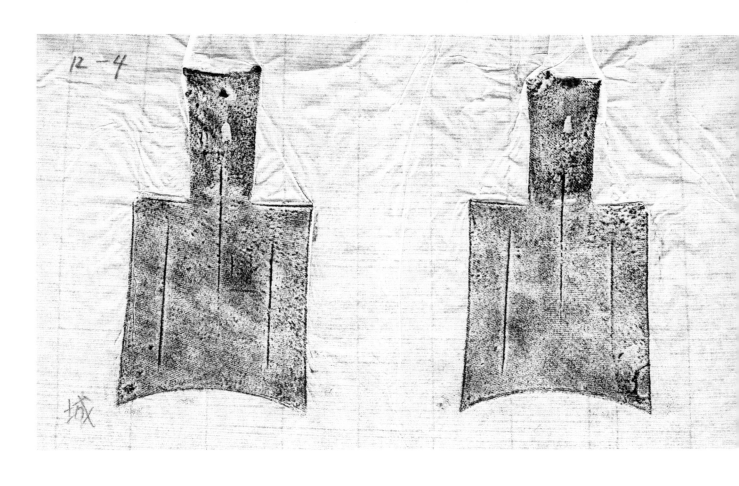

图一二二　"城"字布

Ⅱ式，标本12-4。通长9.7厘米，身长5.8厘
米，肩宽4.7厘米，足宽5.1厘米。銎部宽
1.6—2.1厘米，厚1.5厘米，重29.2克

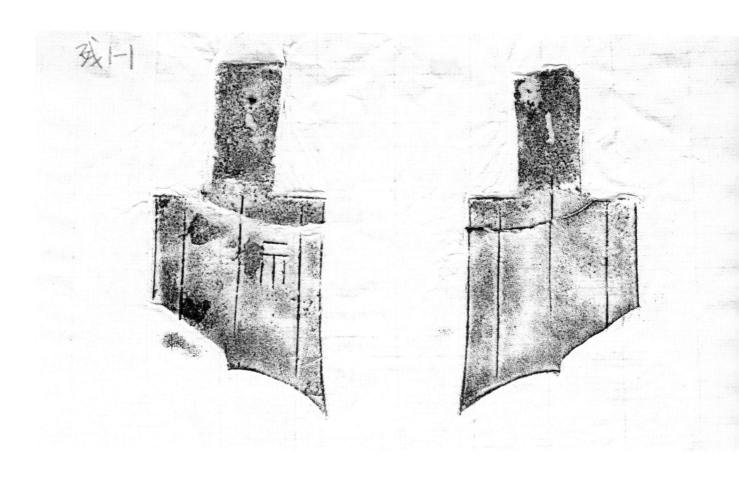

图一二三　"示"字布

标本残1-1。通长10厘米，身长6.2厘米，肩宽

4.5厘米。銎部宽1.7—2厘米，厚1.3厘米，残

重26.4克

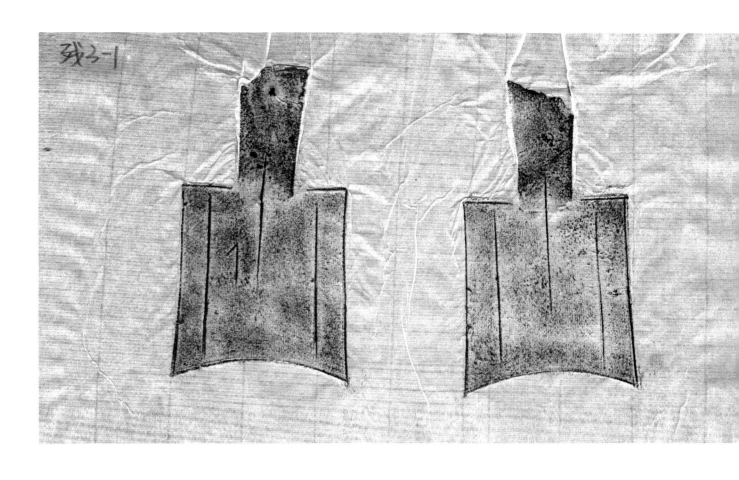

图一二四 "人"字布

标本残3-1。通长9.2厘米，身长4.6厘米，肩宽4.4厘米，足宽4.8厘米。銎部宽1.4—1.8厘米，厚1.4厘米，残重23.3克

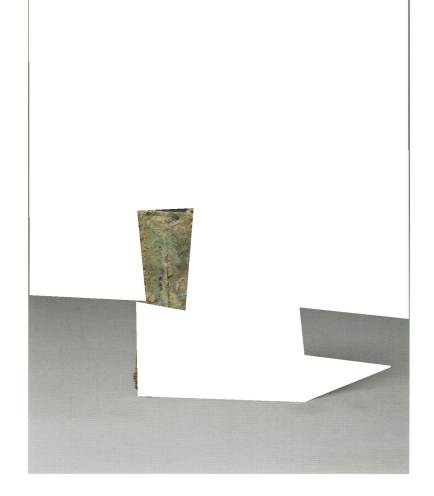

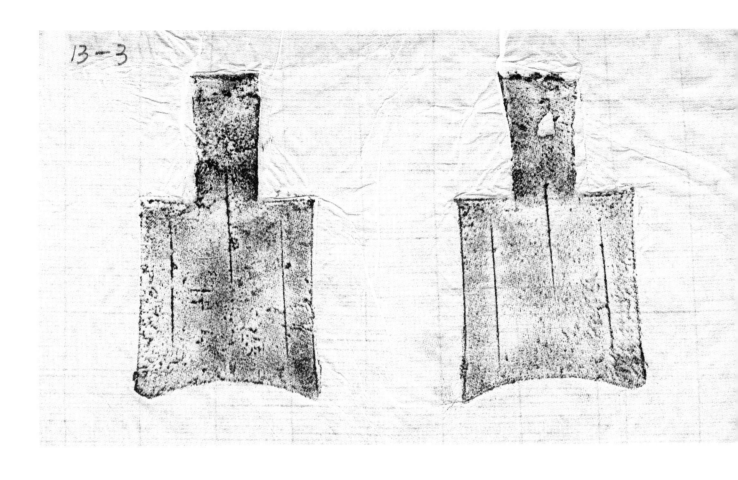

图一二五 "上"字布

标本13-3。通长8.9厘米，身长5.2厘米，肩宽
4.1厘米，足宽4.5厘米。銎部宽1.6—2.6厘
米，厚1.4厘米，重25.6克

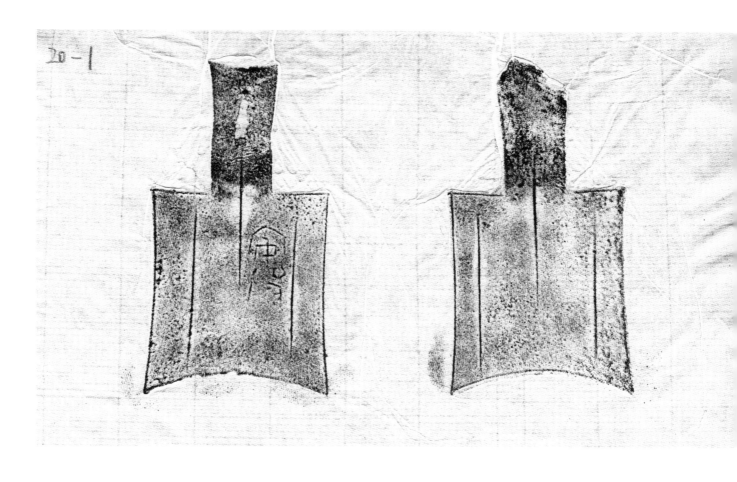

图一二六　"安阳"布

Ⅰ式，标本20-1。通长9.2厘米，身长5.6厘
米，肩宽4.6厘米，足宽4.8厘米。銎部宽
1.6—2.1厘米，厚1.4厘米，重24.9克

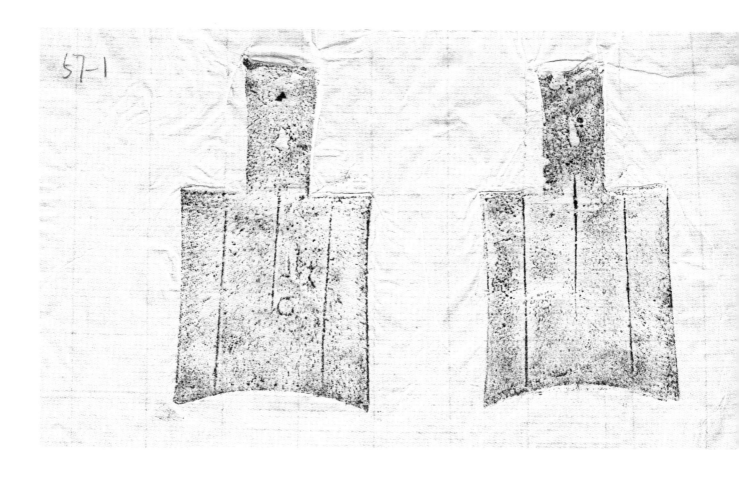

图一二七 "安阳"布

Ⅱ式，标本57-1。通长9.6厘米，身长5.9厘米，肩宽5厘米，足宽5.1厘米。銎部宽1.6—2.1厘米，厚1.3厘米，重30.3克

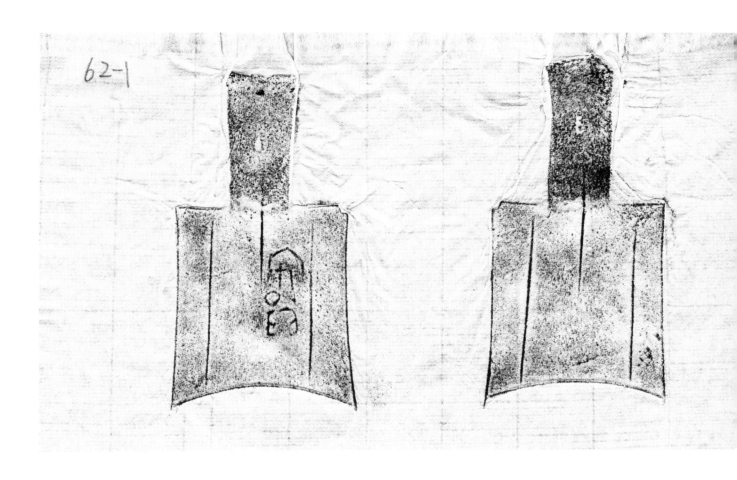

图一二八 "安阳"布

Ⅲ式，标本62-1。通长9.5厘米，身长5.7厘米，肩宽4.5厘米，足宽4.8厘米。銎部宽1.6—2厘米，厚1.5厘米，重31.6克

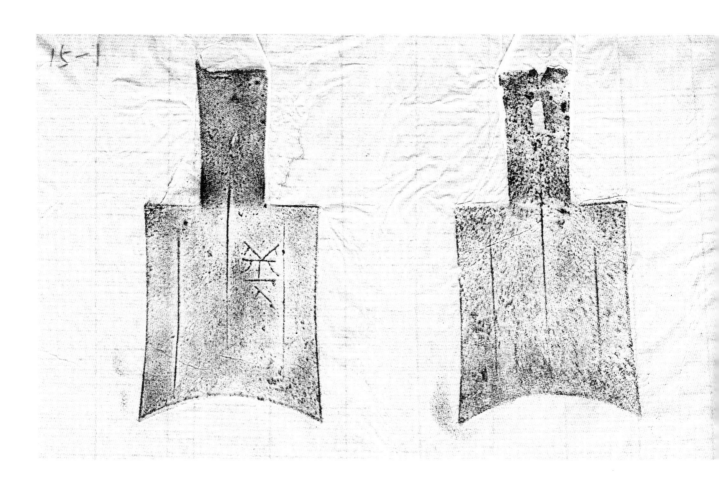

图一二九　"丘人"布

Ⅰ式，标本15-1。通长9.7厘米，身长5.9厘米，肩宽4.6厘米，足宽5厘米。銎部宽1.7—1.9厘米，厚1.4厘米，重26.5克

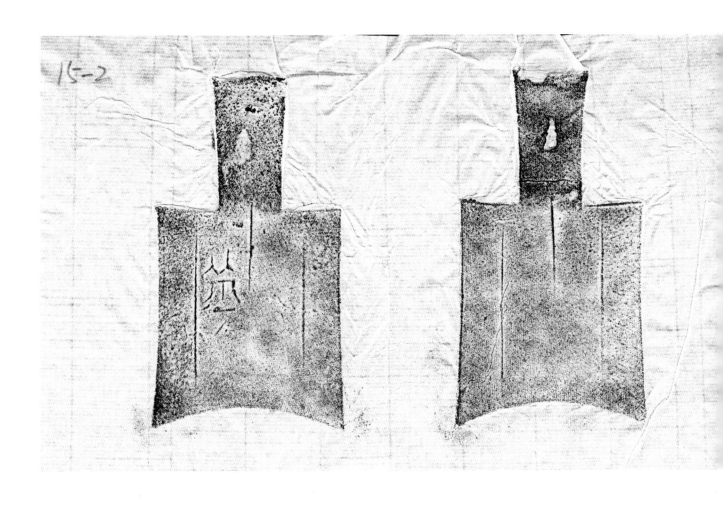

图一三〇　"丘人"布

Ⅱ式，标本15-2。通长9.6厘米，身长6厘米，

肩宽4.9厘米，足宽5.2厘米。銎部宽1.7—1.9

厘米，厚1.2厘米，重28.3克

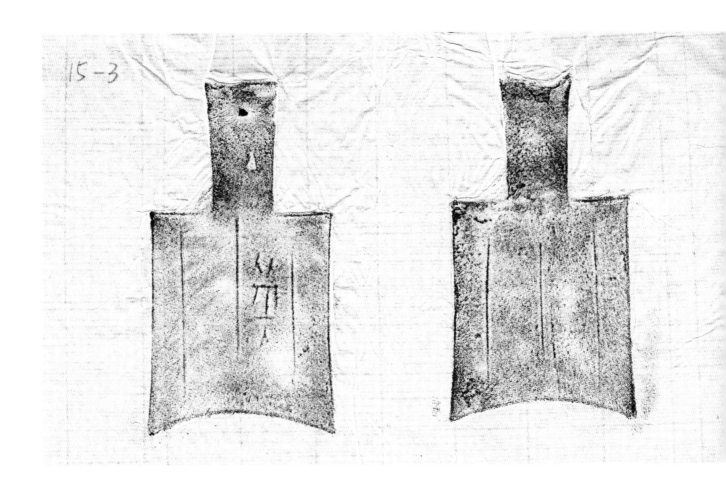

图一三一　"丘人"布

Ⅲ式，标本15-3。通长9.6厘米，身长6厘米，

肩宽4.9厘米，足宽5厘米。銎部宽1.6—2厘

米，厚1.3厘米，重27.5克

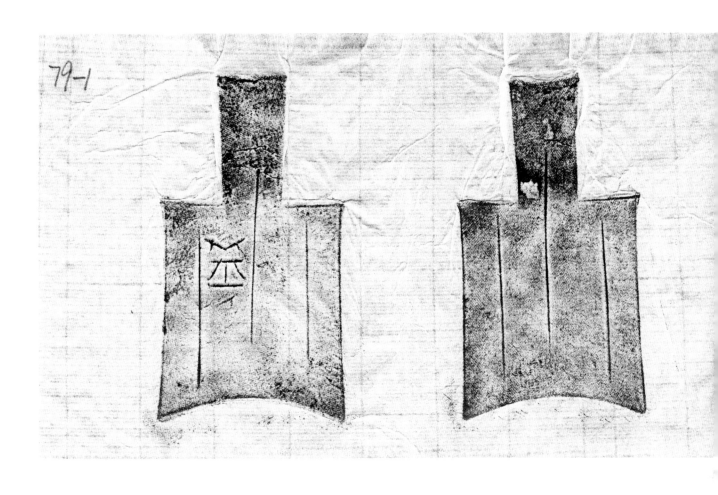

图一三二 "丘人"布

Ⅳ式，标本79-1。通长9.2厘米，身长5.9厘米，肩宽4.9厘米，足宽5厘米。銎部宽1.6—2.1厘米，厚1.3厘米，重25.5克

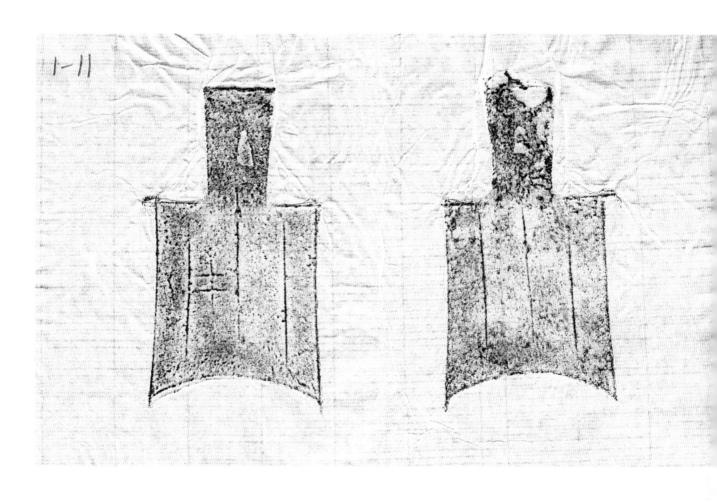

图一三三　"二十"布

标本1-11。通长9厘米，身长5.1厘米，肩宽

4.4厘米，足宽4.7厘米。銎部宽1.6—2厘米，

厚1.3厘米，重21.9克

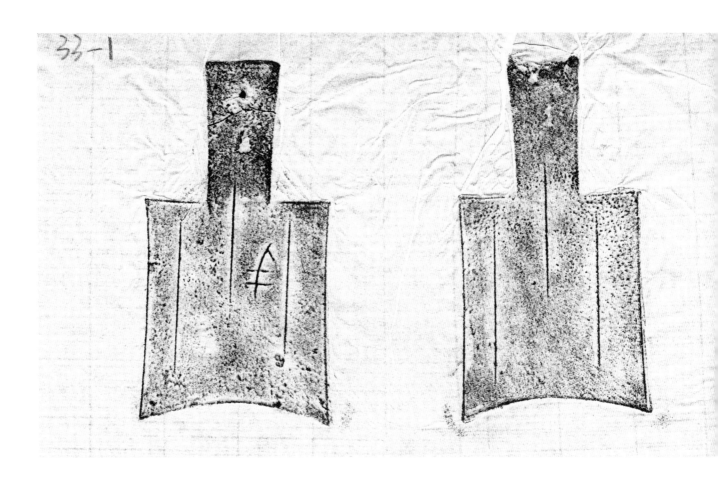

图一三四　　"二千"布

标本33-1。通长9.9厘米，身长6厘米，肩宽
4.9厘米，足宽5.2厘米。銎部宽1.7—2.1厘
米，厚1.2厘米，重33.3克

图一三五　　"五十八"布

标本53-1。通长9厘米，身长5.6厘米，肩宽4.6厘米，足宽4.9厘米。銎部宽1.7—2.1厘米，厚1.2厘米，重24.8克

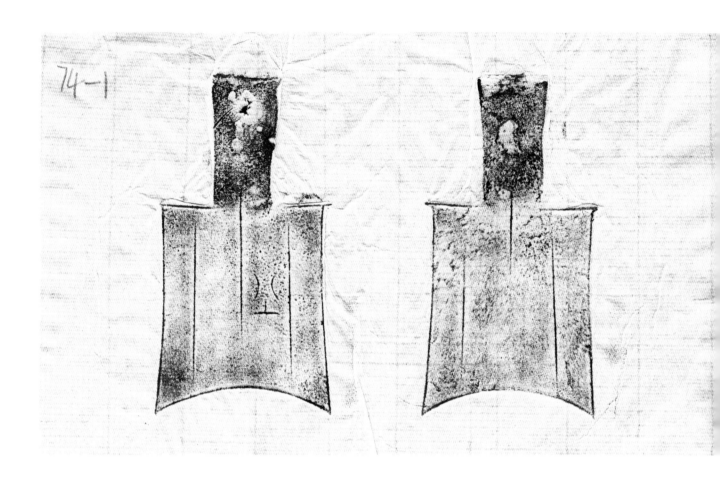

图一三六　"八十一"布

标本74-1。通长9.5厘米，身长5.6厘米，肩宽

4.4厘米，足宽4.8厘米。銎部宽1.6—2厘米，

厚1.3厘米，重25.6克

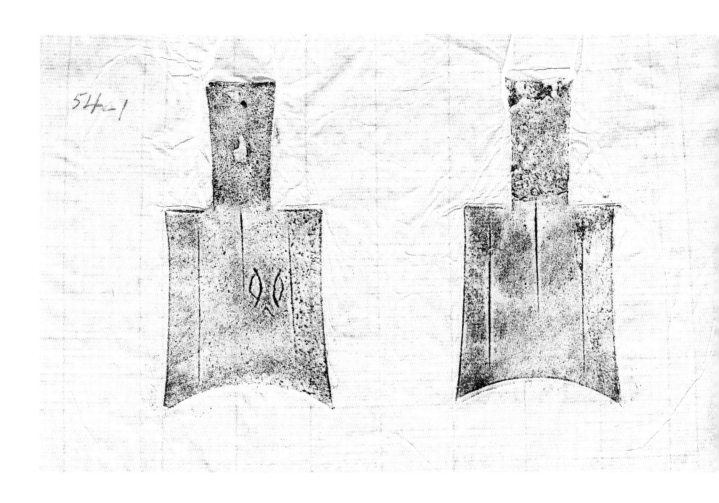

图一三七　"卯六"布

标本54-1。通长9.1厘米，身长5.4厘米，肩宽
4.2厘米，足宽4.6厘米。銎部宽1.6—1.9厘
米，厚1.4厘米，重23克

图一三八

标本1-10。通长9.5厘米，身长5.2厘米，肩宽

4.7厘米，足宽5厘米。銎部宽1.7—2厘米，厚

1.6厘米，重24.4克

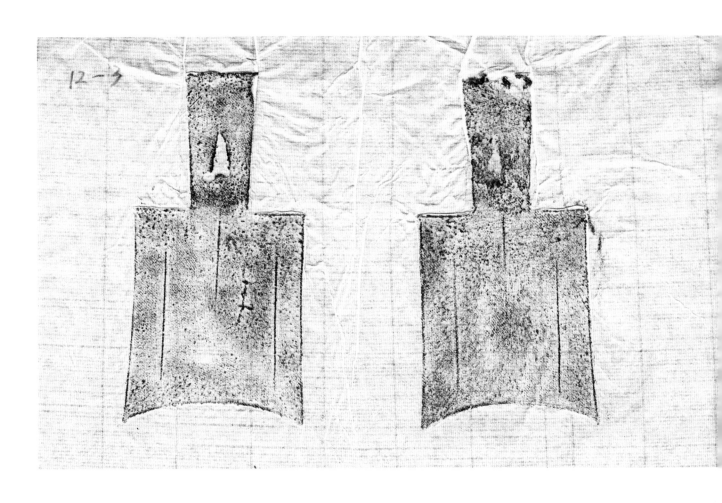

图一三九

标本12-3。通长9.7厘米，身长5.6厘米，肩宽

5厘米，足宽5.2厘米。銎部宽1.6—2厘米，厚

1.4厘米，重27克

图一四〇

标本48-1。通长9.3厘米，身长5.7厘米，肩宽
4.8厘米，足宽4.9厘米。銎部宽1.5—1.9厘
米，厚1.2厘米，重26.4克

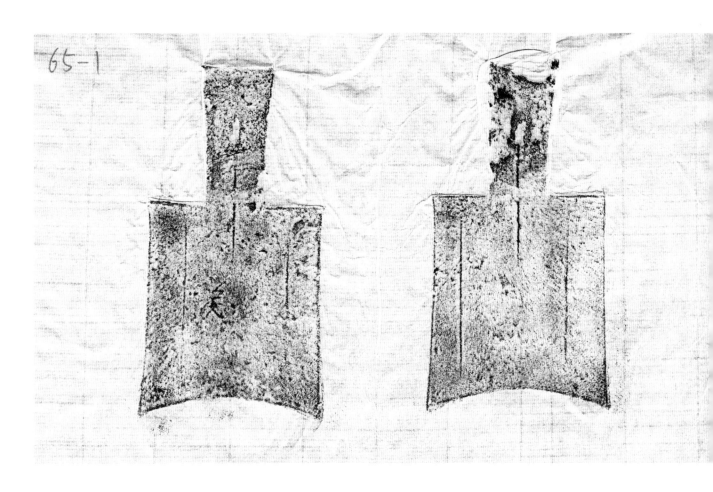

图一四一

标本65-1。通长9.4厘米，身长5.7厘米，肩宽

4.7厘米，足宽5厘米。銎部宽1.5—2.1厘米，

厚1.2厘米，重25.9克

图一四二

标本5-1。通长9.2厘米，身长5.5厘米，肩宽
4.6厘米，足宽4.9厘米。銎部宽1.6—2.1厘
米，厚1.5厘米，重25克

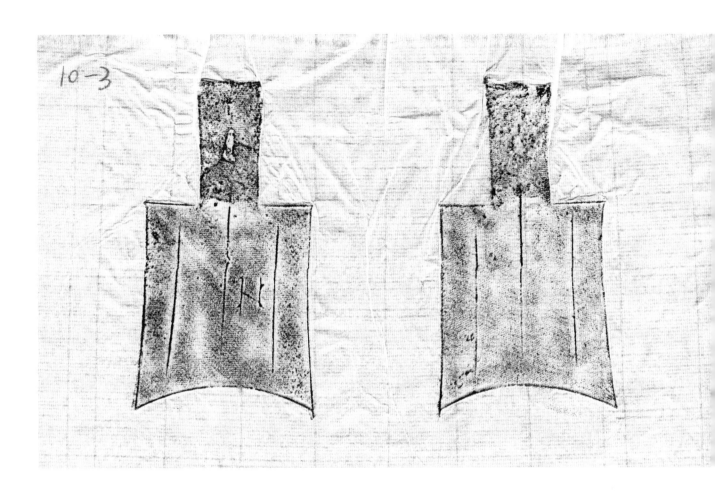

图一四三

标本10-3。通长9.1厘米，身长5.5厘米，肩宽

4.5厘米，足宽4.9厘米。銎部宽1.6—1.9厘

米，厚1.4厘米，重23克

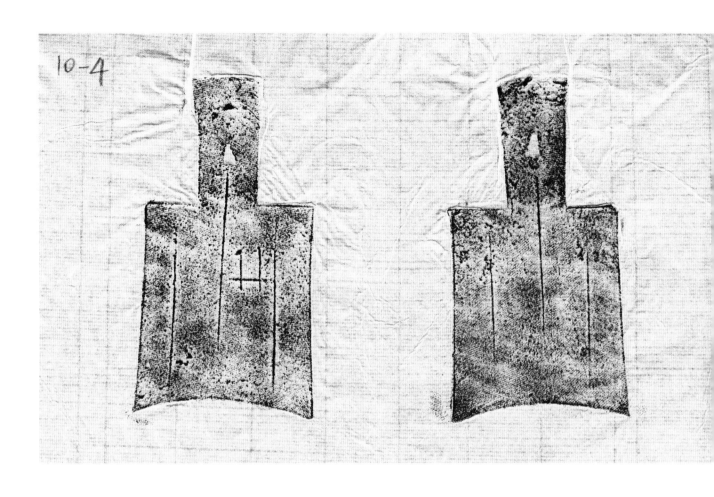

图一四四

标本10-4。通长9.2厘米，身长5.7厘米，肩宽
4.5厘米，足宽4.9厘米。銎部宽1.6—2厘米，
厚1.2厘米，重25.4克

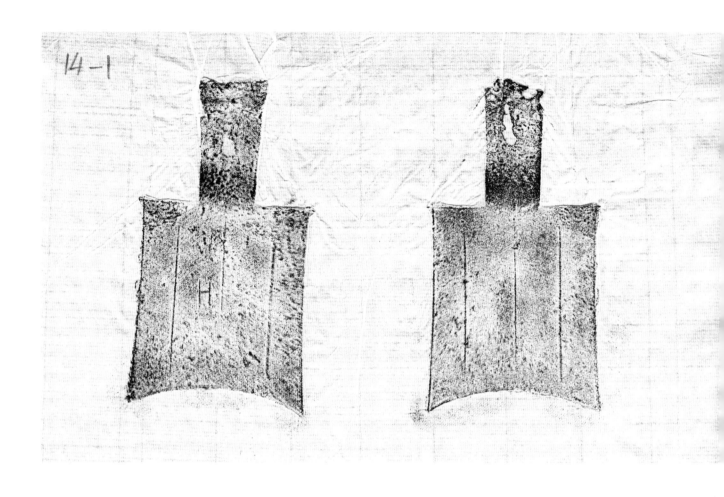

图一四五

标本14-1。通长8.9厘米，身长5.5厘米，肩宽

4.5厘米，足宽4.7厘米。銎部宽1.4—1.8厘

米，厚1.4厘米，重22.8克

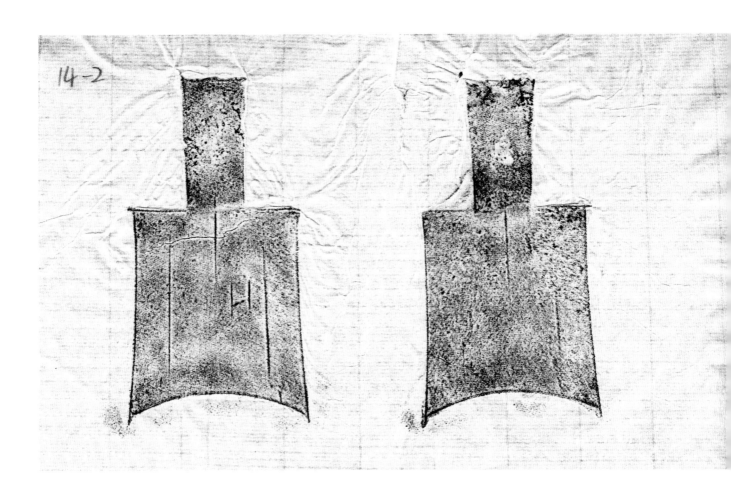

图一四六

标本14-2。通长9.4厘米，身长5.8厘米，肩宽
4.4厘米，足宽4.9厘米。銎部宽1.6—1.9厘
米，厚1.3厘米，重24.2克

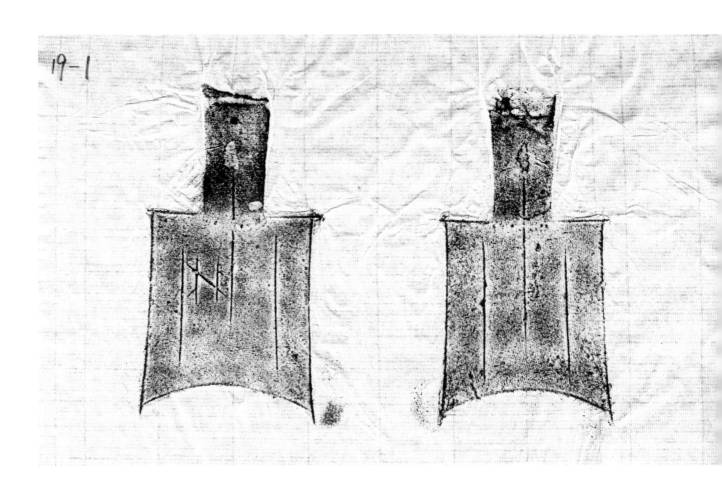

图一四七

标本19-1。通长9.2厘米，身长5.5厘米，肩宽
4.5厘米，足宽4.8厘米。銎部宽1.8—2.1厘
米，厚1.2厘米，重24.1克

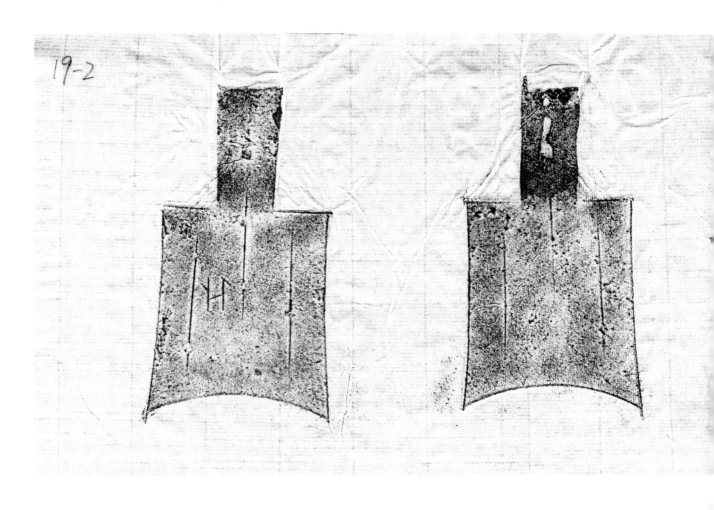

图一四八

标本19-2。通长9厘米，身长5.6厘米，肩宽

4.6厘米，足宽5厘米。銎部宽1.6—2厘米，厚

1.3厘米，重21.3克

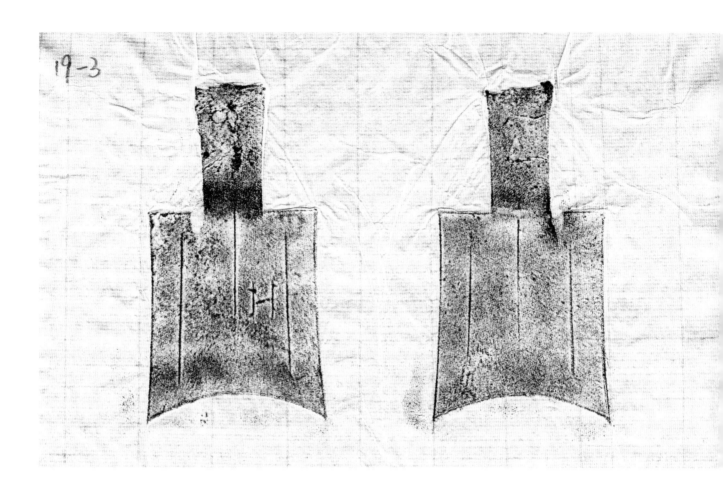

图一四九

标本19-3。通长9.3厘米，身长5.6厘米，肩宽

4.5厘米，足宽4.8厘米。銎部宽1.6—2.1厘

米，厚1.4厘米，重24.5克

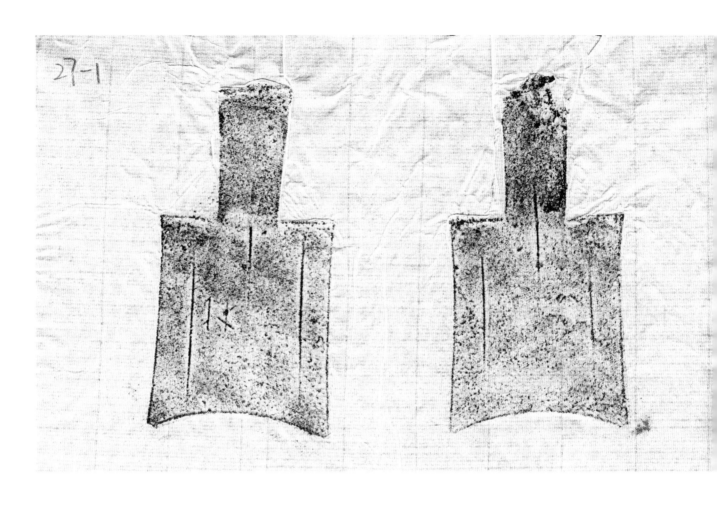

图一五〇

标本27-1。通长9.5厘米，身长5.8厘米，肩宽

4.8厘米，足宽5厘米。銎部宽1.7—2.3厘米，

厚1.5厘米，重28.3克

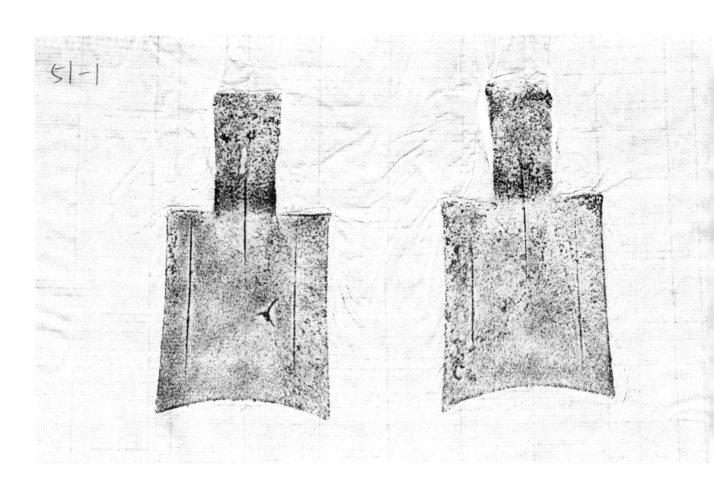

图一五一

标本51-1。通长9厘米，身长5.5厘米，肩宽
4.7厘米，足宽4.4厘米。銎部宽1.6—1.9厘
米，厚1.4厘米，重25.3克

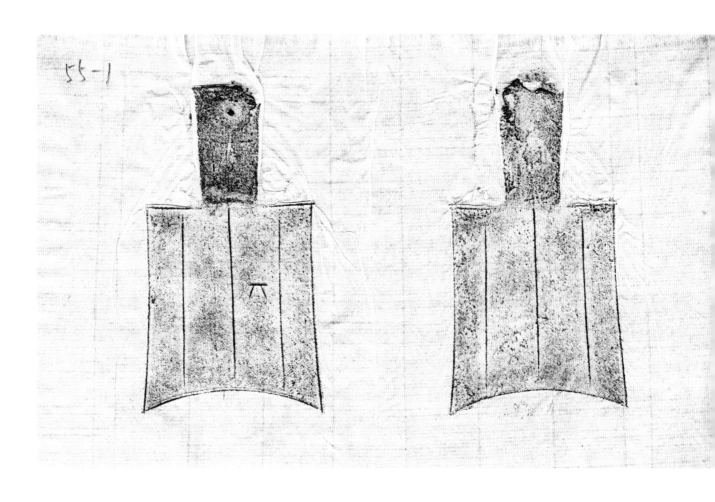

图一五二

标本55-1。通长9.2厘米，身长5.5厘米，肩宽
4.9厘米，足宽4.4厘米。銎部宽1.5—2厘米，
厚1.2厘米，重23.3克

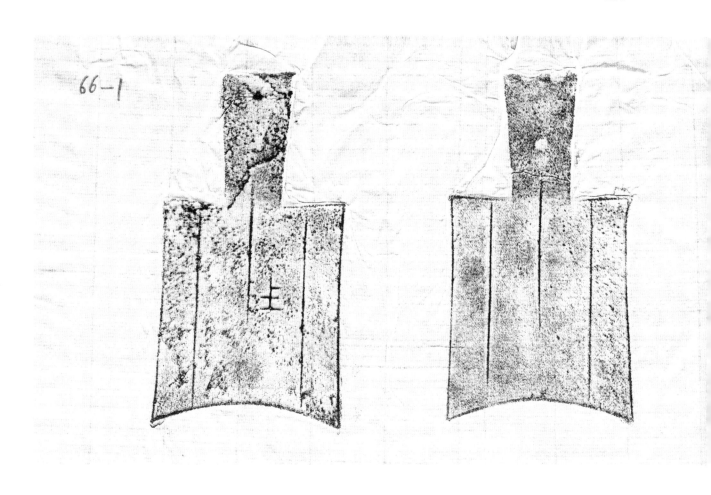

图一五三

标本66-1。通长9.6厘米，身长6厘米，肩宽

4.9厘米，足宽5.1厘米。銎部宽1.5—2厘米，

厚1.3厘米，重31.9克

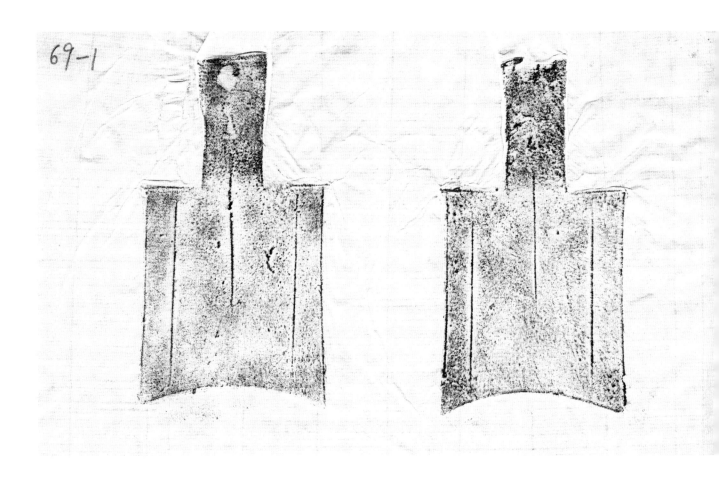

图一五四

标本69-1。通长9.7厘米，身长6厘米，肩宽
5.2厘米，足宽4.9厘米。銎部宽1.6—2厘米，
厚1.4厘米，重33.8克

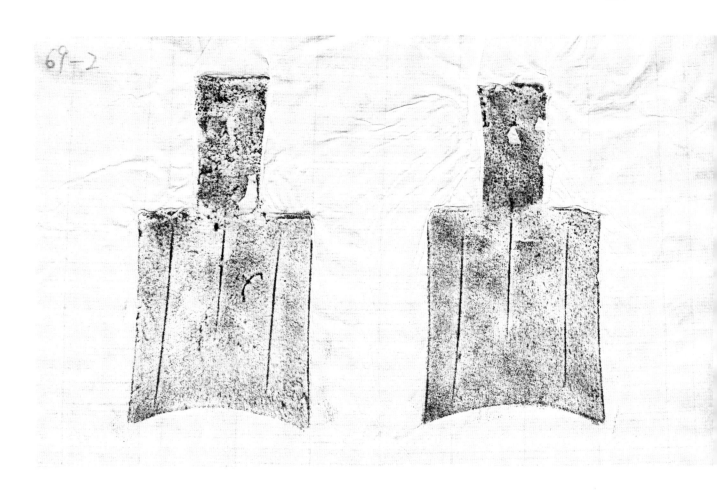

图一五五

标本69-2。通长9.5厘米，身长5.7厘米，肩宽

4.7厘米，足宽4.9厘米。銎部宽1.7—2厘米，

厚1.4厘米，重26.6克

附　馆藏宜阳花庄村出土空首布

一、空首布的来源

　　三门峡市博物馆旧藏有一批空首布，为1980年3月河南省宜阳县柳泉乡花庄村窖藏出土。1986年区划调整时，原洛阳地区文物工作队将这批空首布中的一部分移交给三门峡市文物陈列馆。2000年4月，三门峡市文物陈列馆又将其移交三门峡市博物馆收藏。

图1　锈结成块的空首布

　　这批空首布为窖藏出土，由宜阳县柳泉乡花庄村村民李彦昭在其住宅旁距地表0.7米深的地层中挖出。[1]出土时布币皆首部朝外，摆放整齐，钱身互相叠压，圈圈相套，锈结成块。锈结币块长、宽各约0.6米，重61000克。（图1）经清理共计有1789枚，三门峡市博物馆现藏67枚。

二、空首布的研究

图2　"武"字布（Ⅰ式）SB01304

（一）空首布的整理与分类

三门峡市博物馆收藏的这批空首布币均为斜肩、弧足，有楔形长銎，銎部有不规则穿孔。肩部较窄，足部较宽。正面中间铸钱文，两边各有一道斜线纹。背面铸有三道线纹，其中两道从銎与布身接合部分别斜行至两足尖端，中间一道竖直行至裆部。造型规整，币文古朴，清晰可辨。依币文共分为三种，分别为"武"字布、"卢氏"字布和"三川釿"字布。现分别介绍如下：

"武"字布，共26枚。斜肩，弧足，有楔形长銎，銎部有不规则穿孔。依币文位置和字形差异可分为3式。

Ⅰ式，1枚。标本SB01304，币文位于币面中部，字形较为规整。通高8.7厘米，肩宽4.3厘米，足宽5厘米，重26克。（图2）

Ⅱ式，3枚。标本SB01308，币文位于币面中部，字形

上下两部分相距较远。通高9厘米，肩宽4.4厘米，足宽5厘米，重25克。（图3）

Ⅲ式，22枚。标本SB01323，币文位于币面中部，字形较大，笔画较粗且平直。通高8.7厘米，肩宽4.2厘米，足宽4.7厘米，重22克。（图4）标本SB01315，通高9厘米，肩宽3.9厘米，足宽4.7厘米，重23克。（图5）

"卢氏"字布，共22枚。斜肩，弧足，有楔形长銎，銎部有不规则穿孔。肩部较窄，足部较宽。正面中间铸"卢氏"两字币文，两边各有一道斜线纹。背面铸有三道线纹，其中两道从銎与布身接合部分别斜行至两足尖端，中间一道竖直行至裆部。依币文位置和字形差异可分为5式。

Ⅰ式，4枚。标本SB01293，币文位于币面中部，字形较为清晰规整，"卢"字顶端有一短横。通高8.9厘米，肩宽4.6厘米，足宽4.5厘米，重24克。（图6）

Ⅱ式，4枚。标本SB01338，

图3　"武"字布（Ⅱ式）SB01308

图4　"武"字布（Ⅲ式）SB01323

图5 "武"字布（III式）SB01315

图6 "卢氏"字布（I式）SB01293

币文位于币面中部，字形较为清晰规整。通高8.7厘米，肩宽4.7厘米，足宽4.9厘米，重25克。（图7）

III式，1枚。标本SB01294，"卢"字位于币面中部，上半部分开口朝右。"氏"字位于币面下部偏右。通高8.9厘米，肩宽4.6厘米，足宽4.5厘米，重23克。（图8）

IV式，3枚。标本SB01339，"卢"字位于币面中部，"氏"字位于币面下部偏右。通高9厘米，肩宽5.1厘米，足宽4.7厘米，重24克。（图9）

V式，10枚。标本SB01335，"卢"字位于币面中部，"氏"字位于币面下部偏左。通高8.4厘米，肩宽4.2厘米，足宽4.7厘米，重23克。（图10）标本SB01303，通高9.2厘米，肩宽4.3厘米，足宽5厘米，重24克。（图11）

"三川釿"字布，共19枚。斜肩，弧足，有楔形长銎，銎部有不规则穿孔。肩部较窄，足部较宽。正面中间铸"三川釿"三字币文，两边各

图7 "卢氏"字布（II式）SB01338

图8 "卢氏"字布（III式）SB01294

图9 "卢氏"字布（IV式）SB01339

图10 "卢氏"字布（V式）SB01335

图11 "卢氏"字布（V式）SB01303

图12 "三川釿"字布（Ⅰ式）SB01281

有一道斜线纹。背面铸有三道线纹，其中两道从銎与布身接合部分别斜行至两足尖端，中间一道竖直行至裆部。依币文位置和字形差异可分为7式。

Ⅰ式，1枚。标本SB01281，币文位于币面中部，"三"字位于币面中部偏上，为上二下一3个"△"组成。"川"字位于币面下部偏右。"釿"字位于币面下部偏左。通高8.9厘米，肩宽4.3厘米，足宽4厘米，重23克。（图12）

Ⅱ式，3枚。标本SB01275，币文位于币面中部，"三"字位于币面中部偏上，为近乎并排的三个"△"组成。"川"字位于币面下部偏右，"釿"字位于币面下部偏左。通高9.2厘米，肩宽4.2厘米，足宽4.9厘米，重23克。（图13）

Ⅲ式，9枚。标本SB01271，币文位于币面中部，"三"字位于币面中部偏上，为上一下二3个"△"组成。"川"字位于币面下部偏右。"釿"字位于币面下部偏左。通高8.9

厘米，肩宽4.3厘米，足宽4.9厘米，重22克。（图14）标本SB01282，通高8.9厘米，肩宽4.1厘米，足宽5厘米，重22克。（图15）

Ⅳ式，1枚。标本SB01274，币文位于币面中部，"三"字位于币面中部偏上，为上一下二3个"△"组成。"川"字位于币面下部偏右，为三条向左倾斜的直线组成。"釿"字位于币面下部偏左。通高9.1厘米，肩宽4.4厘米，足宽5厘米，重25克。（图16）

Ⅴ式，1枚。标本SB01273，币文位于币面中部，"三"字位于币面中部偏上，为上一下二3个"△"组成。"川"字位于币面下部偏右，为三条向右倾斜的直线组成。"釿"字位于币面下部偏左。通高8.9厘米，肩宽4.2厘米，足宽4.9厘米，重19克。（图17）

Ⅵ式，1枚。标本SB01284，币文位于币面中部，"三"字位于币面中部偏上，为上一下二3个"△"组成。"川"字位于币面下部偏右。"釿"字

图13 "三川釿"字布（Ⅱ式）SB01275

图14 "三川釿"字布（Ⅲ式）SB01271

图15 "三川釿"字布（Ⅲ式）SB01282

图16 "三川釿"字布（Ⅳ式）SB01274

图17 "三川釿"字布（Ⅴ式）SB01273

位于币面下部偏左且左半边位置靠上。通高 8.8 厘米，肩宽 4.2 厘米，足宽 4.9 厘米，重 22 克。（图 18）

Ⅶ式，3 枚。标本 SB01280，币文位于币面中部，"三"字位于币面中部偏上，为上一下二 3 个"△"组成。"川"字位于币面下部偏右。"釿"字位于币面下部偏左。通高 8.8 厘米，肩宽 4 厘米，足宽 4.8 厘米，重 21 克。（图 19）

（二）空首布的时代

三门峡市博物馆收藏的这三种空首布币，按其形制应属中型布，在斜肩弧足空首布中是较大的一种。斜肩弧足空首布是出现相对较晚的一种空首布，除了首部中空、长銎、弧裆，其显著的形体特征是具有向下倾斜的双肩，且足间距宽于肩。考古出土的早期平肩空首大布，其铸造年代不晚于春秋中晚期之交。[2]按照我国古代金属铸币形制由大变小的一般规律，斜肩弧足空首布

图18 "三川釿"字布（Ⅵ式）SB01284

图19 "三川釿"字布（Ⅶ式）SB01280

肯定要比平肩空首大布晚。因此，"卢氏"等斜肩弧足空首布的铸造时间最早只能在春秋晚期。另外，洛阳市西工十五厂战国中期地层内出土的两罐空首布中有"武"字布174枚、"卢氏"布38枚、"三川釿"布43枚；1976年洛阳市七四〇厂战国粮仓填土内出土"武"字布3枚；1984年三门峡市第二印染厂宿舍楼工地战国墓出土"武"字布9枚、"卢氏"布1枚、"三川釿"布2枚；1954年郑州岗杜附近112号战国晚期墓出土"武"字布4枚。由此可推断，此三种布的铸行年代，最早在春秋晚期，战国早、中期广泛流通，战国晚期一些地区仍在使用。在这批出土数量甚多的中型布中，既无早期的耸肩或平肩大型布伴出，也无晚期的斜肩或平肩的小型布同出，说明当时大、小两型布的铸行尚不广泛。因而这批货币的窖藏年代应为战国中期。

（三）空首布钱文的释读

关于"武"字布的币文含义，历来各家说法不一。有的认为是地名，如郑家相以为"晋地修武所铸"[3]；任常中认为"武，即武父。郑邑，在今山东东明县西南"[4]。有的认为是记德，认为"武"是吉语、格言。[5]《左传·宣公十二年》载，楚王称"武"有七德，曰："夫武，禁暴、戢兵、保大、定功、安民、和众、丰财者也。"清代马昂《货布文字考》卷四谓："武者，盖取七德之义。"今从其说。

关于"卢氏"布的币文，诸家释法不一，归纳起来有以下几种：1. 王献唐先生释为"卢千"，认为"卢为地名、千为币名，千、铲、钱同音假用。卢千犹云卢地之千，释以今语，则为卢地之钱"[6]。2. 丁福保先生释为"卢化"，认为"卢为地名，化即货，此犹言卢邑之化也"，又转引释为"卢夕"，"卢即卢氏，夕谓都市（夕、市同义假借），卢氏为虢之莘地，今属河南陕州"[7]。3. 商承祚、王贵忱等先生释为"卢氏"[8]。今多数人认为释为"卢氏"较妥。

"卢氏"一词，由来已久。卢是商周时期我国西北地区一个古老部族的名称，称"卢戎"。《逸周书·王会》孔晁注："卢人，西戎也。"《尚书·牧誓》载：周武王带领"庸、蜀、羌、髳、微、卢、彭、濮"八国兵勇伐纣，"八国皆为蛮夷戎狄，羌在西，蜀、髳、微在巴蜀，卢、彭在西北，庸、濮在江汉之南"。我国古代将中原周边各族统称为四夷，即东夷、南蛮、北狄和西戎。跟随周武王兴师伐纣时的八国军队中就有卢人，因居于西北方称"卢戎"。武王伐纣，凯旋而归，"偃武修文，归马于华山之阳，放牛于桃林之野，示天下弗服"。《史记正义》引《括地志》云："桃林在陕州桃林县西。"《山海经》云："夸父之山……其北有林焉，名曰桃林，是广员三百里，其中多马，湖水出焉，而北流注于河。"由上可知，原居于西北的卢人，武王伐纣之后，有可能留居于华山之阳、桃林之野，即今灵宝西部阳平、朱阳、故县及其以南的熊耳、崤山、伏牛山区300里范围之内，由此而正式称为"卢氏"。当然该地区原来也有一些居民，考古发现旧石器时代此地已有人居住。在卢戎留居于此后，可能居住比较集中，包括原有的土著居民才统称为卢氏，这也可能是卢氏之名的由来。[9]卢氏在夏商时属豫州，称莘，"伊尹耕于有莘之野"即是此地。西周至春秋早期为虢之封邑，公元前655年晋假虞灭虢后归晋。战国早期归魏，战国中晚期属韩。西汉元鼎四年（前113年），始置卢氏县，属弘农郡管辖。古卢氏的范围，包括今卢氏县、洛宁西南山区、栾川全境、嵩县旧县镇以南地区，一直到清代范围仍相当辽阔。

关于"三川釿"布的币文，也有几种释法：1.丁福保先生释为"济川全化"，"济"省去了"氵"，化省去了"匕"。全即钱，是同义假借，化即货。[10]2.商承祚、王贵忱等先生释为"齐川釿"[11]。3.王毓铨、蔡运章等先生释为"三川釿"[12]。以上三种解释，若按"齐地只行刀化，未曾铸过布钱"[13]的说法，释为"三川釿"较妥，因为币文与流通区域颇合。"〼"字，《玉篇》："〼，《尚书》以为参字。"《广雅·释言》："参，三也。"因此"〼"字即为"三"字。币面上的"川"字，人无疑义。"三川"是其铸造地名。古"三川"有二，西周时指"泾、渭、洛"地区，春秋至秦则指"（黄）河、洛、伊"地区，亦即函谷关以东的豫西地区。"釿"是春秋战国时期青铜币的重量单位。《战国策·韩策三》张登请费继章："费继……此其家万金，王何不召之，以为三川之守。"《史记·秦本纪》庄襄王元年："秦界至大梁，初置三川郡。"《史记集解》引韦昭云："有河、洛、伊，故曰三川。"春秋时属周，战国时属韩国。在此范围内发现大量"三川釿"布，尚在情理之中。

这批空首布的出土地宜阳县，在春秋时属晋，战国时属韩，是洛阳西南的门户。《盐铁论》说："三川之二周，富冠海内。"宜阳也是战国初年韩国的都城，《战国策·秦策二》高诱注："宜阳，韩邑，韩武子所都也。"公元前424年韩武子迁都宜阳（今洛阳市宜阳县西韩城镇），终战国之世，这里都是著名的商业都市和交通枢纽。《战国策·秦策一》张仪曰："今三川，周室天下之市朝也。"柳泉乡花庄村西距战国宜阳故城约5公里，东北距洛阳约40公里，位于由洛阳经宜阳、洛宁、陕县西出函谷关的一条古道上，也是临汝以东地区经伊川、宜阳西达长安这条古道的必经之地。在此出土大量货币，反映出战国时期该地商业经济发展的史实。

出土的这批"武""卢氏""三川釿"三种空首布，数量较多，铸造版次丰富，制作精良，币文虽同而字形多样。对于研究我国古代货币史和商业经济状况以及古文字发展演变等，提供了重要的实物资料。

注释：

[1] 赵安杰，张怀银.河南宜阳花庄村出土一批空首布[J].文物，1986(10).

[2] 吴良宝.中国东周时期金属货币研究[M].北京：社会科学文献出版社，2005.

[3] 郑家相.中国古代货币发展史[M].上海：上海三联书店出版社，1958.

[4] 任常中，赵新来.河南临汝出土一批空首布[J].中原文物，1982 (2) .

[5] 蔡运章，李运兴，赵振华.洛阳钱币发现与研究[M].北京：中华书局，1998；张怀银.三门峡焦作钱币发现与研究[M].北京：中华书局，2006.

[6] 王献唐.中国古代货币通考[M].济南：齐鲁书社，1979.

[7] [10] 丁福保.古钱大辞典[M].北京：中华书局，1982.

[8] [11] 商承祚，王贵忱等.先秦货币文编[M].北京：书目文献出版社，1983.

[9] 张怀银.三门峡焦作钱币发现与研究[M].北京：中华书局，2006.

[12] 蔡运章.谈解放以来空首布资料的新发现[J].中国钱币，1983 (3) .

[13] 陈铁卿.齐地未曾铸过布钱[J].考古，1958 (9) .

后记

　　2018年7月，三门峡市陕州区西张村镇丰阳村的一处水利工程项目施工时，发现了一处春秋时期空首布窖藏，文物单位将发现的窖藏空首布交给三门峡市博物馆收藏。这批盛装于陶鬲内的504枚春秋时期平肩弧足空首布保存比较完好，大多铸造精良，种类丰富，是近年来先秦货币的一次重要发现，受到了当地政府、主管部门、学术界、各级新闻媒体和社会公众的高度关注。鉴于这批先秦货币的重要学术价值，我馆在接收之初就成立研究团队，将其列入重点工作计划，在各种困难面前砥砺前行，不断求教于专家学者，集思广益，得以使科研工作有序推进，初步研究成果《三门峡市陕州区丰阳村春秋空首布窖藏整理简报》，2021年刊发于《中原文物》第4期。之后，又在初步研究成果的基础上进一步甄别、梳理和研判，历时四载有余，终于编写完成了《三门峡丰阳村春秋空首布窖藏》一书。

　　《三门峡丰阳村春秋空首布窖藏》由三门峡市博物馆馆长、研究馆员李书谦策划、统稿和定稿。前期的清理、辨识和分类等基础工作主要由李书谦、贾鹏、狄欣怡、刘恒完成，史智民、祝晓东、张帅峰、田双印参与了部分工作；拓片制作由贾鹏、狄欣怡、刘恒完成；摄影由赵昂负责完成，崔松林、贾鹏、狄欣怡、刘恒和齐晖协助；数据采集由崔松林、贾鹏、狄欣怡、刘恒完成；校稿由张峰完成；绘图由陈逸峰、胡焕英完成。书稿编写由李书谦、崔松林主持完成。第一章，丰阳村空首布窖藏的发现，由郭婷撰稿；第二章，丰阳村空首布的整理，由狄欣怡撰稿；第三章，现代以来空首布研究考述，由崔松林撰稿；第四章，丰阳村空首布的分类解读，由崔松林撰稿。同时，为了突出丰阳村空首布窖藏的新发现，以及较为完整地介绍同时期馆藏货币信息，我们将馆内旧藏的67枚洛阳市宜阳县花庄村出土的斜肩弧足空首布附于后，该部分由贾鹏撰稿。为了确保本书构架的系统性，征得洛阳市考古研究院研究馆员蔡运章先生同意，第二章的第七、八部分引用了其研究成果。河南博物院副院长、研究馆员，河南省博物馆学会副会长张得水于百忙之中应邀拨冗赐序，河南博物院研究部主任、研究馆员武玮为书的编写构架提出了指导性意见，洛阳博物馆原馆长、研究馆员谢虎军对一些学术性问题的诠释给予了支持，在此深表感谢！

三门峡市文化广电和旅游局毋慧芳局长、赵旭阳副局长对该书的整理、研究和出版等工作给予了关心和支持，在此表示衷心地感谢！并向长期以来关心支持三门峡市博物馆事业发展的各级领导、社会各界及公众朋友们表示诚挚的谢意！向参与该书编纂的所有人员致谢！

囿于水平所限，书中纰漏和错误之处在所难免，欢迎专家、学者和同仁批评指正。

编者

二〇二二年十月